管道地质灾害监测数据挖掘及预警模型研究与应用

刘奎荣　余东亮　周广　朱建平　方迎潮　等◎著

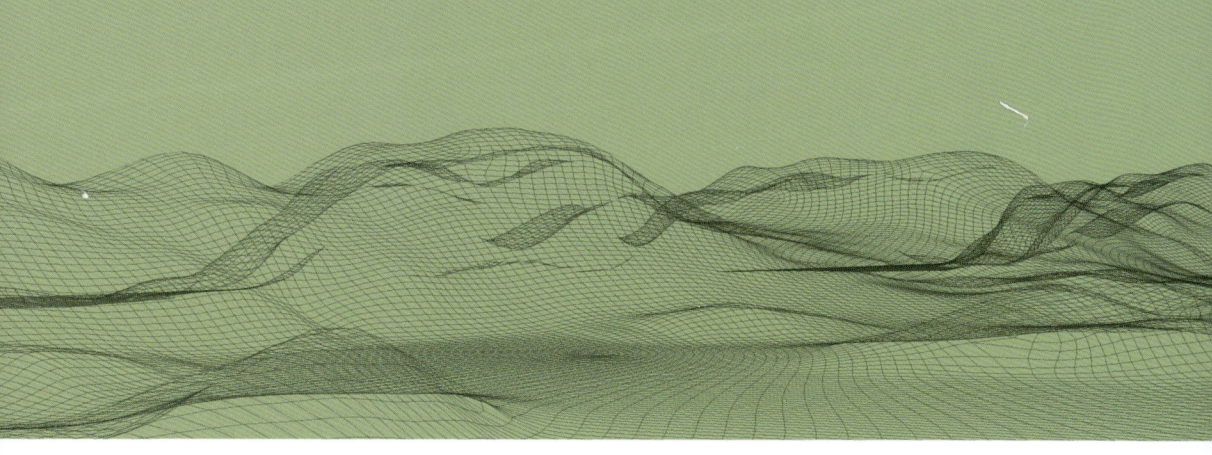

西南交通大学出版社
·成都·

图书在版编目（CIP）数据

管道地质灾害监测数据挖掘及预警模型研究与应用 / 刘奎荣等著. 一成都：西南交通大学出版社，2022.4
ISBN 978-7-5643-8383-1

Ⅰ. ①管… Ⅱ. ①刘… Ⅲ. ①管道工程 – 地质灾害 – 风险管理 – 研究 Ⅳ. ①U172

中国版本图书馆 CIP 数据核字（2021）第 244125 号

Guandao Dizhi Zaihai Jiance Shuju Wajue ji Yujing Moxing Yanjiu yu Yingyong
管道地质灾害监测数据挖掘及预警模型研究与应用

刘奎荣　余东亮　周　广　朱建平　方迎潮　等　著

责 任 编 辑	孟秀芝
封 面 设 计	GT 工作室
出 版 发 行	西南交通大学出版社 （四川省成都市金牛区二环路北一段 111 号 西南交通大学创新大厦 21 楼）
发行部电话	028-87600564　028-87600533
邮 政 编 码	610031
网　　　址	http://www.xnjdcbs.com
印　　　刷	四川玖艺呈现印刷有限公司
成 品 尺 寸	170 mm × 230 mm
印　　　张	11
字　　　数	152 千
版　　　次	2022 年 4 月第 1 版
印　　　次	2022 年 4 月第 1 次
书　　　号	ISBN 978-7-5643-8383-1
定　　　价	120.00 元

图书如有印装质量问题　本社负责退换
版权所有　盗版必究　举报电话：028-87600562

本书作者

刘奎荣　余东亮　周　广　朱建平　方迎潮
黄　鹏　王　庆　唐　侨　赵　雄　吴东容
王爱玲　蒋　毅　王彬彬　谢　锐　吴　瑶
王垒超　兰才富　轩　恒　杨　川　刘宇婷
梁　栋

前　言

随着我国经济的蓬勃发展，对能源的需求越来越大，能源供给已成为影响和制约我国经济发展的重要因素。管道是油气运输的主要方式，承担着我国 70%的原油、99%的天然气运输及 80%的成品油。油气管道作为线性工程，不可避免要穿越地质、地貌和水文条件复杂区域，面临崩塌、滑坡、泥石流、河沟道水毁等地质灾害风险。油气管道沿线人类工程活动频繁，公路、铁路、城镇等基础设施建设与管道频繁交叉重叠，复杂的地质环境变化为管道的管理带来了严峻挑战。长输油气管道安全运营受到自然和社会环境双重制约。

随着管道地质灾害防治关口前移，防治技术向着智能化、智慧化方向发展，防治策略由被动治理向主动防控转变。监测预警作为管道地质灾害防治的有效方式之一，能及时获取油气管道沿线地质灾害变化信息，提前发现并预测风险。现有的管道地质灾害监测预警技术尚存在判据单一，预警阈值设置受人为因素影响大，缺乏自学习、自修正过程，预警模型相对简单，缺乏对多因子的综合考虑，缺乏对灾害发展趋势的分析等不足。因此，有必要对地质灾害监测数据进行深度挖掘，优化预警模型，为山区油气管道安全运营提供技术支撑。

本书以管道沿线最为常见、危害较大的滑坡、水毁及采空区地质灾害为例，系统介绍了管道地质灾害监测数据挖掘及预警模型的研究与应用。第 1 章概述了油气管道地质灾害现状及当前地质灾害监测预警工作中存在的问题。第 2 章主要介绍了当前国内外研究现状及发展趋势。第 3

章详细阐述了异常值过滤、缺失值填补、数据预测、单指标预警算法和报警阈值动态调整的相关算法原理。第 4 章分析了基于实时监测数据的自学习自修正预警预报阈值分析方法并进行应用。第 5 章以地灾形变、外界诱发因素、管道力学三个指标为基础，构建了滑坡、水毁、采空区地质灾害监测指标体系。第 6 章详细阐述了监测预警技术在实际工程中的应用，并以实际的案例验证了预警模型的精度。

著　者

2022 年 4 月

目 录

第 1 章　绪　论 …………………………………………………… 001

第 2 章　国内外研究现状 ………………………………………… 004
 2.1　异常值消除和过滤方法研究现状 ………………………… 004
 2.2　缺失值填补法研究现状 …………………………………… 006
 2.3　预测方法研究现状 ………………………………………… 008
 2.4　动态阈值调整研究现状 …………………………………… 010
 2.5　管道地质灾害监测预警技术研究现状 …………………… 011
 2.6　滑坡灾害预警预报模型研究现状 ………………………… 014
 2.7　管道水毁灾害预警预报模型研究现状 …………………… 019
 2.8　采空区灾害预警预报模型研究现状 ……………………… 022

第 3 章　基于实时监测数据的自学习自修正预警预报阈值
　　　　 分析方法 ……………………………………………… 025
 3.1　异常值消除和过滤算法 …………………………………… 025
 3.2　缺失值填补算法 …………………………………………… 030
 3.3　数据预测算法 ……………………………………………… 045
 3.4　监测数据单指标算法 ……………………………………… 060
 3.5　报警阈值动态调整 ………………………………………… 061
 3.6　本章小结 …………………………………………………… 067

第 4 章　基于实时监测数据的自学习自修正预警预报阈值分析方法应用 ········· 068

4.1　3σ 异常值过滤 ········· 068

4.2　LSSVM 数据补全 ········· 072

4.3　LSTM 数据预测 ········· 078

4.4　单指标预警算法 ········· 091

4.5　阈值动态调整 ········· 094

4.6　本章小结 ········· 103

第 5 章　地质灾害监测关键指标体系 ········· 105

5.1　滑坡灾害地质特征及变形机理 ········· 105

5.2　水毁灾害地质特征及变形机理 ········· 108

5.3　采空区灾害地质特征及变形机理 ········· 110

5.4　滑坡灾害监测预警关键指标体系构建 ········· 111

5.5　水毁灾害监测预警关键指标体系构建 ········· 112

5.6　采空区灾害监测预警关键指标体系构建 ········· 114

第 6 章　管道地质灾害预警预报模型 ········· 116

6.1　管道地质灾害监测预警系统总体架构和工作流程 ········· 116

6.2　滑坡灾害预警预报模型 ········· 119

6.3　水毁灾害预警预报模型 ········· 133

6.4　采空区灾害预警预报模型 ········· 139

6.5　预警预报成果 ········· 150

参考文献 ········· 162

作为生命线工程的高压油气长输管道，担负着油气资源的主要输送任务，由于分布范围非常广阔，沿途区域自然地理和地质环境复杂多样，不可避免地会受到各种地质灾害的威胁和侵害。如西南山区油气管道穿越地质地貌条件复杂区，山高谷深、地形陡峻、地震及活动断裂发育，滑坡、崩塌、泥石流、水毁等地质灾害活跃，管道面临的地质灾害风险大。

油气管道事故统计分析表明，受地理环境、气候及人类活动等因素影响，管道工程中的地质灾害种类繁多、危害程度也各不相同。地质灾害引发土体运动和地表变形，从而导致埋地管道产生弯曲、压缩、扭曲、拉裂、局部屈曲等破坏形式。地质灾害一旦发生，不仅会造成管道变形、断裂和大范围破坏，从而导致油气泄漏、管线停输，带来巨大经济损失，甚至引发火灾、爆炸等事故，对自然环境、生命财产和社会安定造成严重后果。特别是在灾害多发地区，突发性的地质灾害经常造成难以估量的损失。如兰成渝成品油管道投产以来，先后经历了2003年、2006年、2008年、2009年暴雨袭击，东裕沟、响河沟、火烧沟、石亭江等区段发生了多处水毁、泥石流，造成管道露管、漂管、悬管，抢险治理费用高达数千万元。2008年"5·12"汶川地震发生后，兰成渝成品油管道穿越秦岭山区段发生了K0572、K0569、K0528+850等滑坡，给管道安全运营造成威胁。

传统地质灾害治理工作被动，治理金额居高不下。相比工程治理，地质灾害监测投入成本少，可以及时获取地质灾害发展变化信息，提前发现并预测风险，实现地质灾害风险有效管控。但现有的管道地质灾害预警技术尚存在以下不足：

（1）预警判据的选择过于单一；

（2）预警阈值设置受人为因素影响大；

（3）缺乏自学习、自修正过程；

（4）预警模型相对简单，缺乏对多因子的综合考虑；

（5）缺乏对灾害的预测分析。

本书在分析管道地质灾害形成机制、危害特征与破坏模式的基础上，开展管道地质灾害预警预报模型研究，构建基于地灾形变指标 X、外界诱发指标 Y、管道力学指标 Z 的滑坡、水毁、采空区灾害监测关键指标体系。结合工程实际形成滑坡、水毁、采空区灾害一维预警预报模型、二维预警预报模型、三维预警预报模型，使得预警结果更符合实际，进一步提高管道地质灾害的预警精度。本书总体技术路线参见图1.1。

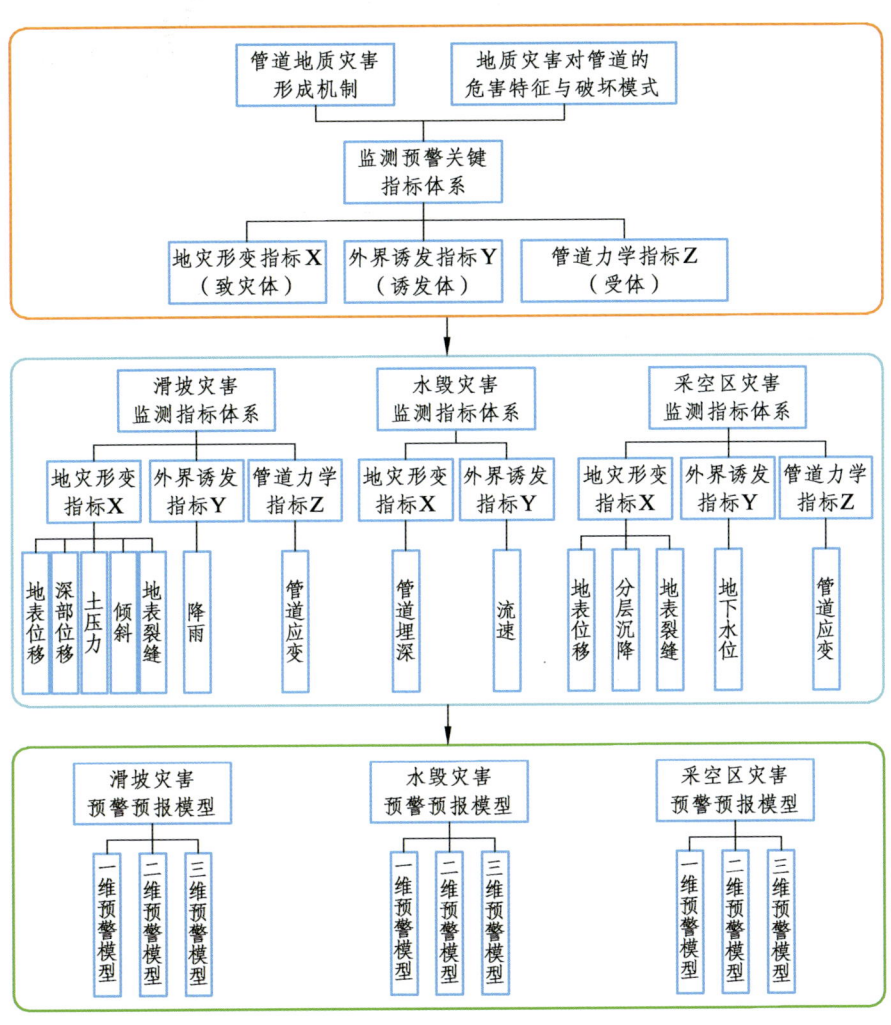

图 1.1　本书技术路线图

本章对数据异常及缺失的处理、数据预测、单指标预警模型、预警阈值动态调整这几个方面，调研分析了国内外研究现状，掌握了现阶段主流算法的适用性；总结前人的经验，为后期算法选型提供理论基础。

2.1 异常值消除和过滤方法研究现状

时间序列中的点异常检测是在一段时间序列数据中找出异常点。一般的做法是挖掘出时间序列中的正常模式或特征，然后与当前数据点和正常模式进行比较来判断是否异常。从目前的研究情况来看，根据数据集是否有标签（正常/异常），异常检测算法可以分为以下三类。

1）基于有监督学习的异常检测算法

这种类型的算法需要有标签的训练集数据和有标签的测试集数据。基于监督学习进行异常检测的基本思想是：先在有标签的训练集数据上训练一个分类器，通过测试集数据优化分类器，最后运用训练好的分类器去判断异常。这类算法比较典型的有分类回归决策树算法（CART）、支持向量机（SVM）和神经网络模型（如 RNN、LSTM 等）。基于有监督学习的异常检测算法针对的是有标签的数据集，所以异常检测的精确度一般都很高。

2）基于半监督学习的异常检测算法

这种类型的算法同样使用训练集数据和测试集数据，不过训练集数据仅仅含有正常数据，不包含异常数据。基本思想是：根据训练集数据学习正常类的模式，训练得到一个正常类模型，然后运用模型检测到偏离正常模式的数据即为异常数据。这种类型的算法比较典型的有一类支持向量机（One-Class SVM）算法、自动编码机（Auto-Encoder）算法等。也可以使用密度估计算法对正常类的概率密度函数进行建模，得到正常类的概率模型，然后运用模型检测低于正常概率的数据即为异常数据，比如核密度估计（Kernel Density Estimation）算法。

3）基于无监督学习的异常检测算法

这种类型的算法是最灵活的，因为不需要有标签的数据，而且使用无监督学习的训练集数据和测试集数据之间也没有很大差异。无监督异常检测的基本思想是：基于数据集本身的固有属性来进行异常评分。例如，基于距离的 K 均值（K-means）算法等、基于密度的局部异常因子（LOF）算法等都可以用来对数据集进行异常评分，最后根据异常分值判断是否为异常。另外，在系统框架层面，目前已有一些针对时间序列的异常检测算法，如 Yahoo Research 的 N. Laptev 等人于 2015 年提出的 EGADS 框架，通过对时间序列建模及预测，然后判断偏差值进行异常检测，目前已被运用于 Yahoo 内部的监控系统中。其不足在于，只能检测单维度时间序列的异常。Twitter 提出了用于异常监控的 R 数据包 Anomaly Detection，用于分析时间序列数据的异常，使用统计算法 Seasonal Hybrid ESD（SHESD）Algorithm 分析监控曲线的尖峰和低谷，可以分析得出是局部异常（local anomalies）还是全局异常（global anomalies），但只能对单维度时间序列进行异常检测。Solaimsni 等（2015）提出的基于 Chi-square 的方法，对基于 VMWare 的云数据中心的性能数据时间序列异常检测，同样，只关注于单维度的时间序列异常的检测。L. Retting 等运用 KL 距离和 Pearson 相关度来比较两个时间序列的分布，以检测大数据流中的异常，也只关注于单维度的时间序列异常的检测。Pavel Filonov（2016）提出了单独使用 LSTM 进行时间序列数据预测，然后通过偏差值来进行异常检测，能够处理多维度时间序列，但是并没有考虑序列的上下文信息。

从以上研究可知，序列异常检测是在一个或多个时间序列集合中，使用已知的正常时间序列模式进行匹配，检测异常的时间序列模式。目前面向时间序列的异常检测算法，一方面主要是针对单维度时间序列，不能有效地对多维度时间序列进行处理；另一方面部分考虑多维度时间序列的算法仅仅是对序列进行了比较单一的处理，没有对序列进行更深层次的挖掘。

2.2 缺失值填补法研究现状

数据是科学研究中最重要的资源，在实际工程领域的监测数据中，经常会出现数据缺失现象。对缺失数据直接删除或者使用均值进行替换是一种简单易行的方法。直接删除方法虽然简单易行，但如果在缺失率较高或者数据变化幅度较大的情况下，不但会丢失一些重要的信息，而且会导致数据集规模减小；使用均值填补有一定的限制条件，且可能会改变数据变化的趋势。目前，常用的缺失数据处理方法可分为两类：一类是基于统计学的方法，另一类是基于机器学习的方法。

在基于统计学的方法中，均值填补在缺失数据小于 5%时是一种有效的填补方法。在统计理论基础上，国外学者 Laird 等提出将最大期望算法（Expectation Maximization，EM）用于缺失值的填补，EM 算法是通过迭代进行极大似然估计（Maximum Likelihood Estimate，MLE）的优化算法，由于其简单性和广泛性特点，它在处理缺失数据方面得到了广泛应用，但是该算法存在计算复杂、收敛速度慢等缺点。

为了克服 EM 算法的弊端，Rubin 等在 EM 算法的基础上进行一系列的优化并提出了多重插补法，在一定程度上改善了单一插补的不足。为了对现有的 EM 方法进行改进，Ghapor 等（2017）将 Bootstrap 有放回抽样思想和 EM 算法结合起来对缺失值进行填补，通过为缺失数据创建多个估计值，从而提高缺失值填补的精确度，此方法更适用于可以用线性函数关系表示的数据集中。

Damare 等（2017）提出了一种基于遗传规划和拉格朗日的时间序列插值方法，利用多元时间序列属性之间的关系来估计缺失值，然而，由于遗传规划过程的随机性，算法必须多次运行才能保证良好的结果。王一蓉等提出了一种基于遗传优化的调度控制系统缺失填补算法，该算法首先利用遗传优化算法估计不完整数据的最优参数，然后在此基础上利用马尔科夫链蒙特卡罗算法对缺失数据进行填补。Little 和 Rubin 等（2002）针对传统的缺失值填补方法做了详细论述，传统方法仅仅适用于缺失率较低的情况，随着缺失率不断提高，插补算法精度下降剧烈。由上述可以发现，随着对缺失值数据处理的要求不断提高，传统的缺失值处理方法已经逐渐失去了其应用价值。

在基于机器学习的方法中，唐慧强等提出了使用粗糙集理论结合径向基（Radial Basis Function，RBF）神经网络对气象缺失数据进行填补的方法，采用粗糙集提取关键属性作为网络的输入，采用径向基神经网络进行缺失值的估计。目前，常用的机器学习方法大多是 EM 结合聚类方法，或者是朴素贝叶斯、贝叶斯网络结合支持向量机或者决策树方法进行缺失数据的填补。Liu S.等（2014）提出了一种基于向量自回归（Vector Autoregression，VAR）模型的多变量缺失数据处理方法，并进行了仿真研究。卜范玉等提出了一种深度填充网络模型，该模型以自动编码机为基础模块构建三层网络模型来提取大数据的深度特征，进而对缺失数据进行填补。梁秉毅等提出一种基于优化决策树和 EM 的缺失数据填补算法，该算法首先利用优化后的决策树对数据缺失进行分类，然后使用 EM 算法对缺失数据进行填补。王妍等提出了一种基于泛化中心聚类的填补方法，采用聚类方法对数据进行分簇，并对缺失数据结合聚类结果一起进行缺失数据的填补。李国和等提出了一种基于聚类的递归填充算法，使用同类簇的均值对缺失值进行首次填充，得到完备数据集进行多次递归聚类修正上一次填充的缺失值，直至相邻两次填充结果较稳定，实验结果表明，该方法与其他聚类方法相比有着较好的填充精度。

综合以上研究可以看出，缺失数据处理方法分为基于统计学的方法和基于机器学习的方法两类。随着对缺失数据处理的要求不断提高，传统的统计学方法难以满足当下的需求，基于机器学习的方法在不断的发展与创新，已有一些方法能达到较好的缺失值填补精度。

2.3 预测方法研究现状

监测及预测一般应用于桥梁、大坝、滑坡等易发生重大灾害的工程领域，通过分析监测数据进行变形预测，这种监测数据具有时间序列特性。根据实际观测到的时间序列数据，通过数学方法来建立预测模型进行曲线拟合，这种预测方法也被称为时间序列模型。常用的时间序列预测模型有自回归移动平均（Auto Regression Moving Average，ARMA）模型和差分整合移动平均自回归（Auto Regression Intergrated Moving Average，ARIMA）模型，其中 ARMA 模型主要针对平稳时间序列，当时间序列不平稳时可对时间序列进行一次或多次差分后再使用 ARIMA 模型进行预测。

在预测方面，唐浩等（2015）首先使用 ARMA 技术对桥梁历史静态监测量进行分析，并使用该技术对西安白蛇峪大桥应变、挠度、裂缝、倾斜监测量进行预测。结果表明，ARMA 单步预测误差小于 10%，拥有较高的预测精度。陆付民等为了实现对滑坡变形的预测，将多因素的预测模型中的模型参数看作带有动态噪声的状态向量，在此基础上建立基于多因素的 Kalman（卡尔曼）滤波模型，对模型参数进行持续更新，实验结果表明，该模型拥有较高的拟合精度及预测精度。王万祥（2018）利用 Kalman 滤波方法对边坡沉降监测数据进行去噪，并使用灰色预测模型进行预测，最后使用遗传算法（Genetic Algorithm，GA）优化的 BP 神经网络对残差进行修正，得到最终的边坡沉降预测值，结果显示拥有较好的预测精度。虽然传统的预测方法可以对非线性时间序列数据进行预测，但在实际应用场景中，数据之间的非线性关系十分复杂，传统预测方法的预测精度往往无法达到预期效果。

近年来，国内外许多学者采用灰色理论与神经网络等机器学习方法相结合来进行预测，取得了一定突破。其中一个较大的原因在于神经网络因其灵活的网络结构，可以无限逼近一个任意复杂的非线性函数。常用的机器学习算法有支持向量机（Support Machine Vector，SVM）、反向传播神经网络（Back Propagation Neural Net，BPNN）等。

支持向量机通过核函数将低维非线性问题映射成高维线性问题，这一过程对 SVM 的预测性能起到关键性作用。方杰等将 SVM 和模糊 PID（Proportion Integral Differential）控制引入滑坡预测预报和控制，并利用仿真软件直观再现了滑坡演化的整个过程。

魏良针（2019）建立了基于 SVM 的变形量预测模型，并使用粒子群对模型参数进行寻优，对铁路周边地表沉降变形进行预测，模型拥有较高的预测精度。最小二乘支持向量机（Least Squares Support Veotor Maohine，LSSVM）是 SVM 的一种，两者区别在于 LSSVM 将 SVM 中的不等式约束条件改成了等式约束条件，在保证性能的同时降低了求解难度。Dieu Tien Bui 等（2019）提出了一种将 LSSVM 与蝙蝠算法（Bat Algorithm，BA）相结合的机器学习方法，用于浅层滑坡的空间预测。该算法利用 LSSVM 将数据样本分为非滑坡（负类）和滑坡（正类）两类，对正则化系数和核函数参数这两个超参数进行微调，以辅助 LSSVM 模型选择过程。

戴妙林等（2018）用遗传算法优化 BP 的权值和阈值，对边坡稳定性的安全系数进行预测，结果显示该模型收敛速度更快，预测效果更优。

李寻昌等（2018）提出了一种基于 Elman 神经网络的边坡动态预测模型，对滑坡累积位移数据进行预测，预测结果和实测数据吻合度较高。郭健等提出了一种小波变换与 Elman 神经网络相结合的预测模型，通过对基坑变形历史实测数据进行小波去噪处理，借助 Elman 神经网络预测模型对基坑后期变形进行预测。实验结果表明，模型有较高的预测精度，能对不同条件下基坑变形进行预测。卢献健等通过对大坝变形序列进行灰色拟合，弱化原始序列的随机扰动影响，增强数据的线性规律，并采用 GA 算法优化 BP 神经网络建立灰色遗传 BP 神经网络预测模型。实验结果表明，组合模型能保证较优的局部预测值和预测精度。

以上研究论述了不同数据预测模型，包括常用的 LSSVM、边坡动态预测模型、BP 神经网络预测模型等算法模型的应用现状与优势，这些算法的应用均对滑坡等地质灾害监测预警数据预测有着显著的效果。

2.4 动态阈值调整研究现状

对于报警系统，预警阈值的合理设置直接影响报警系统的运行效率。过渡阶段与稳定阶段不同，如果将过渡阶段和稳定阶段一起处理，会降低报警的准确性，易产生误报和漏报。在设定值切换过程或过渡过程中，如果不对预警阈值进行相应改变，会发生大量的误报率；而较为宽松的预警阈值也会造成对过程的扰动不敏感，由此产生漏报。

针对预警阈值优化问题，国外研究团队 Izadi（2009）提出以误报率、漏报率和检测延迟为目标的基于操作特性曲线预警阈值的设计方法。动态阈值调整需要基于报警滤波、报警死区、报警延时三种优化方法中与报警阈值设计之间的关系，使得报警阈值能够处于一个最佳状态。Yang 等（2009）提出基于报警数据和过程数据的一致相关性分析实现报警阈值优化设计。目前，大多数研究都是针对固定阈值的设计，由于阈值的选择随着系统的状态、噪声的变化而变化，而固定阈值的设计方法不能适应这些变化，所以需要使报警阈值能够适应这些变化。Beebe 等（2013）提出了基于状态改变的报警泛滥合理化方法，但是需要过程知识来确定模式的改变。Zhu 等（2013）提出的动态阈值方法没有考虑最新数据的随机性变化。目前，学术界中动态阈值调整的方法是基于阈值监测的优化改进思路，即采用滑动窗口算法训练历史数据，得到初始化最优窗口长度和过渡过程的先验信息。由于过渡过程是一个动态变化过程，基于贝叶斯估计理论，结合历史数据和新数据来推测下一时刻的数据得到报警阈值；在稳态过程中，采用改进的递推公式实时估计均值、方差，以此得到报警阈值，建立阈值监测与运行工况或运行瞬态的映射关系，使预警阈值能够根据历史数据和工况自动调整。

现阶段常用的动态阈值调整算法是滑动窗口算法，运用该算法对地质灾害监测数据进行训练能够实现预警阈值的自动调整。

2.5　管道地质灾害监测预警技术研究现状

管道地质灾害预警，既包括地质灾害体本身的特性，也包括受灾体管道的特性。长期以来国内外管道运管主体主要通过对灾害作用下的管道进行风险分析，依据风险大小进行预警，同时针对不同风险级别采取经济合理的措施，确保管道安全运行。

在国外，将风险分析应用到油气管道地质灾害预警过程中已取得了巨大的社会效益和经济效益。意大利 SNAM 公司早在 20 世纪 70 年代末就建立了油气管道地质灾害监测网及评价系统，对危险状态提前预警。1977 年，加拿大 AEC 公司发现 AEC 管道的 House River 滑坡不稳定，进行了简易观察；1991 年，对滑坡勘察，并监测滑坡的深部位移；1996 年发现滑坡位移明显增加；1998 年，对滑坡进行了地质评价，采用数值模拟手段评价了管道受力，在此基础之上提出了 5 种防灾减灾方案；1999 年 5 月，专门开发了基于风险的决策树模型，分析防灾投资与管道失效的耦合成本，确定减灾方案；1999 年 9 月，实施减灾方案。从开始识别灾害到彻底治理，历时 23 年，其间反复研究比选，最后治理成本仅为 30 万美元，充分显示了科学研究和成本管理的优势。1974 年，美国内政部和阿拉斯加州政府授予阿拉斯加输油管道的土地使用权时明确规定，必须采用最先进的抗震措施，必须有地震监测系统，以确保不污染脆弱的生态环境。2002 年 11 月 3 日，由于丹纳利断层突发位错，在管道地震设计预计的8.0级地震区内发生了里氏7.9级大地震，强烈地震持续了4 min，震中距离管道穿过该断层的部位仅有86 km。由于具有良好的抗震设计，管道在穿过该断层处只有位移和弯曲变形，没有开裂。地震中当地震加速度值超过预设值时，监测系统自动启动了全线停输程序，保护管道安全，并在震后自动生成全线地运动加速度峰值分布图。因此，地震刚过，便根据线路的加速度峰值分布图派出检修人员，直奔最可能遭到破坏的地点，结果仅停输66 h就将事故检查处理完毕，全线恢复运行。

美国科学软件公司（SSI）研究开发的气体管道仿真软件TGNET和液体管道仿真软件TLNET，已经应用于世界上45条油气管道中。这些仿真软件可以对管道运行的瞬态水力状况进行模拟，用来反映管道是否遭受地质灾害，其在线模拟系统由实时模拟、预测模型和自动先行模拟等几个模拟软件组成。1992年，美国W. Kent Muhlbauer所著的《管道风险管理手册》一书详细叙述了管道风险评价模型和各种评价方法，它是对美国前20年开展油气管道风险评价技术研究工作的成果总结，并为世界各国管道风险评价所接受，成为开发风险评价及预警软件的重要参考依据。美国Amoco管道公司通过故障风险分析方法明确管道预警等级，在管道发生失效前发出警报并采取防治措施。其年泄漏率由1987年工业平均数的2.5倍下降到1994年的1.5倍，从而使公司在1994年取得了接近创纪录的利润。该公司的应用实践表明，基于管道风险分析的预警模式可有效降低事故的发生概率。国际管道科学研究院（PRCI）作为管道科研方面的知名机构，从20世纪70年代起，针对管道地质灾害开展了深入的研究。PRCI研究的重要课题有：滑坡作用下海底管道的稳定性、管道—土体相互作用模型、土体运动区管道失效的防治、地面塌陷区管道的监测与防治等。PRCI近期开展的研究课题包括：非传统方法用于监测管道地质灾害、基于量化风险法的地质灾害作用下管道完整性的精确评价、改进的管道上土体相互作用模型及其响应预测、地面移动条件下管道屈曲的预测、利用土工织物降低管道土体之间的摩擦力等。PRCI的研究工作代表了国际上管道地质灾害研究的较高水平，也为实施地质灾害预警及风险管理提供了强有力的技术支撑。

中国石油西气东输管道公司（现国家管网集团西气东输公司）在对西气东输管道全线所经地区环境地质条件进行调查分析的基础上，建立了管道环境地质灾害风险评估的半定量指标体系，开发了相应的风险评价及预警软件，为西气东输管道的环境地质灾害预防提供决策。为了对西气东输一线管道地质灾害风险进行有效的监测和预警，减少管道安全运营成本，么惠全、冯伟等利用历史数据和"事故危害系数"的概念，直观地论证了管道地质灾害风险监测的必要性，探讨了管道地质灾害的渐变特征和管道失效的力学判据，阐明了管道地质灾害风险监测及预警在理论与技术上的可行性，并基于"承灾体重于致灾体、前期监测重于灾后监测、长期监测重于短期检测、经济合理重于技术领先"的原则，建立了长输管道沿线地质灾害风险监测预警体系——管道地质灾害前期监测网。该监测网在西气东输一线干线及支线的管道地质灾害高风险区上布设了近百个隐患监测点，及时发布了3起预警及2次触发应急预案，监测成果直接支持了7处隐患点的治理工作。

北京华油天然气有限公司对陕京二线输气管道山西境内沿线地质灾害点进行了调查识别，对崩塌、滑坡、泥石流、洪水冲蚀、黄土湿陷等地质灾害进行了危险性预测评估，并制定了管道地质灾害防控管理方案。中国石油管道科技研究中心（现国家管网集团研究总院）以兰成渝输油管道地质灾害监测方法及防治技术研究课题为依托，对管道地质灾害进行危险度分区评价及危险性分段预测，形成了一套基于GIS的管道区域地质灾害危险评价及预警体系，借助该体系提出兰成渝管道地质灾害监测与防治对策，开发出管道地质灾害数据库。中国石油管道科技研究中心自2006年开展了管道滑坡灾害监测预警的研究，在兰成渝二郎庙滑坡、忠武黄草坡滑坡等处开展了滑坡—管道的联合监测应用研究，并建立了滑坡监测预警站，2008年"5·12"汶川大地震中，在兰成渝羊木山滑坡进行了应用，取得了丰富的研究成果和应用经验。荆宏远等（2009）介绍了一种管道应变监测方法，探讨了基于材料强度破坏的管道预警阈值的确定方法。徐永生（2016）选取湖北、湖南、安徽、江西境内成品油管道地质灾害为研究对象，分析了华中区域成品油管道地质灾害的类型、规模及影响因素，建立起地质灾害危险性半定量评估方法，并实施现场评估；明确了不同级别地质灾害监测技术的要求，构建了中国石化销售有限公司华中分公司（国家管网集团华中公司）成品油管道地质灾害监测技术体系，为华中区域成品油管道地质灾害的监测防控及安全运营提供了基础资料和技术支撑。郭存杰、张来斌、陈喆梁等（2016）为了研究陕京管道滑坡灾害监测预警技术，以管道地质灾害监测方法为理论依据，选取研究区内典型滑坡体为研究对象，综合考虑地灾点的发育情况、典型性、对管道的威胁程度、设备的保存安全性等条件，设计监测方案，安装一体化专业监测设备，收集地灾点的降雨量、滑坡地表裂缝位移及深部位移等监测数据。经分析监测数据发现：陕京管道沿线滑坡现阶段变形量很小，整体较稳定，不会因发生滑坡而威胁管道隧道安全。经预警分析发现：无雨状态下，滑坡体最稳定。随着降雨量的增加，滑坡体稳定性下降，滑坡位移变大，体现在滑坡体上即裂缝增大。为了得到一个预警的变形值，分别取3种工况时的80%位移值为预警标准值，分级确定了预警标准位移。

总体来说，国内外在管道灾害监测预警方面开展了相关研究，并且随着监测技术的发展，现场数据的采集更加全面快捷，基于管道地质灾害风险分析的预警体系也在逐步完善。同时在灾害预报模型建立和预报判据选取方面做了大量的工作，取得了显著的成绩。但由于灾害问题的复杂性、动态性，各种预报模型存在局限性和适用性，预警判据的选择过于单一，缺乏对多因子的综合预警的考虑。

2.6 滑坡灾害预警预报模型研究现状

国内外最早对滑坡灾害预警预报的方法是在20世纪60—70年代，众多学者通过观察地表变形时间、地下水变化异常、地表裂缝的变化和动物的异常表现等状况判断滑坡是否即将失稳的现象预报法。现象预报法适用于滑坡的加速蠕变阶段，通过简单的地表变形情况对滑坡进行初步判断。

20世纪60年代，日本学者斋藤迪孝根据经验公式提出了经验预报法，也称斋藤模型。该模型在总结了大量的室内试验和现场位移监测资料的基础上，提出了滑坡预测预报的经验公式，并做了相应的图解，在此基础上提出了变形破坏三阶段理论，同时建立了加速变形的微分方程，并利用该模型成功地对日本高汤山滑坡进行了预测预报。

此外，日本学者Kawamuran（1969）在经验预报法的基础上利用差分法及最小二乘法对斋藤模型进行了改进。日本学者福囿在经过多次试验后，总结了土体的表面位移加速度的对数与表面的位移速度的对数之间存在正比例关系，针对边坡失稳提出了福囿斜坡时间预报法来预测边坡稳定状态。E. Hoek等（1978）根据1969年智利Chuqicamata矿坡的监测资料，提出了原理与斋藤法类似，根据滑坡变形监测曲线的形态进行外延，然后推导出滑坡滑动时间的外延法。B. A. Kennedy（1971）提出了曲线拟合预报思路，并通过拟合边坡位移曲线进行滑坡时间预测。经验预报法因其以经验为主导思想在工程上被广泛运用，主要以蠕变理论为基础，建立加速蠕变经验方程，在起预报过程中适用于加速蠕变阶段，且其精度受到一定的限制。

在20世纪80年代以后出现了以统计分析为基础的预警预报分析，主要是运用各类数理统计、概率论等数学理论方法建立滑坡预测模型，预测边坡失稳破坏预警预报。晏同珍（1988）发现，滑坡过程与生物生长过程具有一定的相似性，因此滑坡时间预测研究中首次引入生物学家Vehrulst的生物生长模型，并通过Vajont滑坡的监测数据验证了该生物生长模型的合理性，生物生长模型在加速变形阶段预报精度较高，故比较适合短临预报。李天斌（1999）在前人的基础上，综合分析了滑坡的位移量化曲线和Vehrulst反函数的相似性，并提出了Vehrulst反函数预测模型。张悼元等（1988）通过对多个具有完整历时曲线的滑坡进行分析研究，提出了黄金分割法，同时表明该方法适用于滑坡的中长期预报。缪卫东等（2003）针对白鹿源区滑坡的特征，根据累计降雨量与滑坡发生时间之间的规律，应用卡尔曼滤波分析法对其进行了中长期预测。刘铁良（1993）针对苏联滑坡的特征，采用降雨时间序列的谐波分析法预测了该滑坡的滑动情况。

此外，还有许多学者在滑坡预测中引入正交多项式最佳逼近模型、梯度正弦模型等，这些预报方法使得滑坡预报从定性分析向定量分析前进了许多，但多数以统计分析为基础的滑坡预警模型属于趋势预报和跟踪预报，当滑坡处于加速变形阶段时，可以较准确地预报距滑时间，比较适用于滑坡中长期预报。

自 20 世纪 90 年代以来，随着非线性理论的发展，众多学者更加清楚地认识到滑坡是一个比较复杂的过程，因此，众多学者在对滑坡进行预警预报过程中开始逐步引入非线性理论。易顺民（1996）发现在滑坡临滑前具有明显的降维现象，因此运用分形理论研究了滑坡活动中的自相似结构特征。秦四清（2005）以非线性动力学理论为基础，提出了滑坡预测预报的非线性动力学模型，并以此为依据预报滑坡发生时间。郑明新等（1998）在分析黄茨滑坡和新滩滑坡监测资料的基础上，采用分形理论，提出了滑坡动态位移分维理论，并指出当位移速度分维接近时，滑坡进入加速变形阶段。黄润秋等（1997）认为，在整个滑坡的发育过程中会出现一种遵从非线性系统的演变规律的合作和协同效应，在此理论基础上提出了描述斜坡体系发展的演化方程，形成了协同预测模型。陈益峰等（2001）在重构相空间理论的基础上，依据滑坡的历史数据，提出了改进 Lyapunov 指数算法的滑坡预测预报模型。魏星等（2002）将滑坡系统作为一个灰色系统，利用灰色理论建立了滑坡灰色预测模型。张飞等（2003）利用混沌动力学能重构系统的相空间，以及具有与实际动力系统相同的几何、信息性质的特点，建立了重构相空间滑坡预测预报模型。张英等（2002）结合新滩滑坡的实例，利用灰色系统和混沌动力学理论，建立了滑坡时间预测的非线性模型。高玮（2004）以灰色理论和人工神经网络模型为基础，提出了滑坡灰色神经网络预测预报模型。

尹光志等（2008）以滑坡的变形值和变形速率为判据，将指数平滑法与非线性回归分析法结合起来，在分析实际监测数据的基础上，做出对滑坡失稳时间的预测预报。以上学者的研究推进了非线性理论在滑坡预测预报方面的发展。此外，伍法权等（1996）提出了位移动力学的分析方法以用于滑坡的预测预报。张白一等（1998）通过构建 BP 神经网络滑坡预报模型，对典型滑坡进行了预报分析，结果表明对于滑坡短期预报来说，该模型适用效果较好。吴承祯等（2000）提出了比传统方法网络学习速度快、预报精度高的改进的人工神经网络方法（BP-GA 混合法）。黄志全等（2004）将协同学与分岔理论相结合，建立了协同分岔非线性理论模型。陈小亮等（2008）采用局域法和最大 Lyapunov 指数预测法对滑坡位移进行预测，研究得出后者预测精度较前者更高。黄国明等（1996）采用混沌时间序列的非线性理论首先对滑坡监测数据重构相空间，然后基于数据处理组合法（GMDH）对相空间相点进行数据组合处理，构建得到斜坡蠕滑预测预报模型，并以陕西省某市某滑坡为例进行了检验。李喜盼等（2009）通过把遗传算法和 BP 神经网络模型结合起来建模，提高了滑坡预测精度。周小平等（2011）首先分析了滑坡监测资料和滑面岩土体流变特性，然后基于尖点突变理论得到滑坡失稳破坏的预测预报模型，最后以某滑坡为实例检验了上述预报模型的适用性。

在国外，对于滑坡的预测预报模型的分类方式有很多种，一般可认为包括三个方面，即空间预测预报模型、时间预测预报模型、受灾程度和受灾范围预测预报模型。其中，空间预测预报模型是对不稳定滑坡所在的位置进行预测。时间预测预报是指通过计算确定滑坡可能发生剧烈滑动的时间点，在未来发生滑坡的时一间区段提出预测。受灾程度和受灾范围预测预报模型是确定滑坡灾害发生后所引起的受灾范围和影响程度。滑坡预报判据是指用于判定斜坡体进入临界破坏状态时的指标或外界诱发因素可能导致滑坡发生的临界指标。目前，国内外学者提出了 10 余种用于判断斜坡处于临界失稳状态的预报判据，如稳定性系数、可靠概率、变形速率及位移加速度等。根据参数数量，预报判据可分为两类：

一是单一参数预报判据；二是双参数预报判据。

其中，在单一参数预报判据的研究方面，阳吉宝等（1995）提出稳定性系数判据和可靠概率判据，它们都只适用于滑坡的长期预报。宋雪琳等（1996）提出塑性应变量（率）判据，认为滑面或滑带上所有点的塑性应变率均趋于无穷大，该判据对变形量较小滑坡的中长期预报更适用。此外，贺可强等（2002）根据堆积层滑坡地表监测位移特征提出了适用于堆积层滑坡临滑预报的位移矢量角判据，以堆积层滑坡位移矢量角突然增大或减小为判据。胡高社等（1996）以黄腊石滑坡和某岩质边坡为例，探讨了变形速率判据在滑坡短期预报与临滑预报中的应用。李天斌等（1999）提出适用于滑坡中长期预报的分维值 D 判据，当 D 值趋近于 1 意味着滑坡发生，该判据适用于中长期滑坡预报。另外，还有诸如声发射参数判据、位移加速度判据、蠕变曲线切线角判据，从预报尺度来看，前者适用于滑坡的长期预报，而后两个适用于滑坡的临滑预报。基于双参数预报判据预测滑坡的研究少有文献。黄健安等（1984）提出的边坡总变形量和位移速率的综合预报判据。阳吉宝等（1995）提出的位移速率和位移矢量角双参数判据，该判据适用于堆积层滑坡的临滑预报。此外，还有在新滩滑坡临滑预报中取得良好效果的蠕变曲线切线角和位移矢量角双参数预报判据。林孝松等（2001）研究了适用于降雨型滑坡的临界降雨强度判据，该判据适用于暴雨诱发型滑坡，且该判据要因地区而异，具有较强的地域特点。朱冬林等（2002）通过分析和预测滑坡在库水位变化作用下的稳定性，提出适用于水库型滑坡的库水位下降速率预测判据，认为即将发生滑坡的水位速率为 0.5~1.0 m/d。许强等（2009）根据斜坡位移-时间曲线三阶段演化特征，即初始变形阶段、等速变形阶段和加速变形阶段，提出了一种改进的切线角及对应的滑坡预警判据，实现了位移与时间量纲不统一的问题。卓云等（2013）引入一种改进切线角及对应的单体滑坡预报模型，开发了基于 RIA 的 WebGIS 地质灾害快速预警系统，通过分析位移监测数据，实现相应的模型算法，判定滑坡形变阶段，并将其作为单体滑坡预报依据，成功实现了单体预警功能。许强等（2020）通过黑方台多个突发型黄土滑坡的全过程变形-时间曲线，对这些变形曲线特征和规律进行分析研究，建立了针对性的黄土滑坡综合预警模型。将变形速率阈值和改进切线角作为滑坡预警的重要指标，建立了4级预警判据，通过自主研发的"地质灾害实时监测预警系统"实现滑坡的实时自动预警，并将预警信息与当地的群防群测信息平台对接，为防灾应急避让提供直接依据。何朝阳等（2020）从预警流程和模型调度算法入手，研究基于时间驱动和数据驱动的预警模型调度方式，结合实时监测数据类型及其特征，提出预警模型调度策略及预警信息发布策略，以期提高滑坡的预警精度。

滑坡灾害预警预报技术理论与方法在目前地质灾害研究领域发展较为成熟、系统，可以为管道滑坡灾害预警提供参考。但由于管道滑坡灾害的特殊性，已有研究还缺少与关注主体"管道"的结合，这也是本书需要解决的关键问题之一。

2.7 管道水毁灾害预警预报模型研究现状

针对管道水毁灾害的国内外研究主要是针对冲刷实验、数值模拟、水毁防治的相关研究。

在国外，对局部冲刷的实验研究已有较长历史，研究对象多以圆柱、方形结构冲刷为典型案例，常见于桥墩冲刷和海洋桩基冲刷等工况中。Palmer最早于20世纪60年代以圆柱冲刷为研究对象展开了研究，记录了冲刷坑的形成过程。Baker（1980）在风洞实验中利用油流流动显示方法（Oil-Flow Visualization），根据床面上压力分布的拐点确定圆柱上游对称面的马蹄涡位置。1987年，有学者通过经验提出一种土壤与管道相关联的模型，该模型探讨了管道覆土受到径流侵蚀与管道遭受破坏之间的联系。Koh与Quek等（1990）将Kyriakides、Yun提出的梁屈曲模型应用于管道极限荷载分析，取得了较为满意的成果，并分析了坡面水毁成因机制。Olsen等（1993）采用有限体积法和k-s湍流模型首先对三维定常清水冲刷问题进行了研究。Ghulam M. Hashim 等（1995）在马来西亚半岛东海岸的一处山坡进行了模拟水毁灾害冲刷试验，测量了径流流量与土壤侵蚀量，记录下冲刷过程，探讨分析了土壤遭受侵蚀的内在机制与影响条件。IR Soedigdo 等（1998）通过对振荡流的线性化、纳维-斯托克斯方程的闭合形式解推导出了尾流速度修正公式。将新的 Wake II 模型与传统模型应用于管道冲刷分析研究，并对管道受力随时间变化与峰值大小方面进行了比较，总体而言，Wake II 模型的分析结果令人满意，与传统模型相比有了实质性的改进。Grad（1998）用 ADV 测量了达到平衡冲刷时垂直对称面上的平均速度和雷诺应力。Yen 等（2002）用 LES 模型和亚格子模型模拟三维桥墩的流场情况和床面剪切力，求解得出床面的变形。Zhao W.（2007）利用 DPTV 和粒子图像识别技术发现垂直对称面上沙粒浓度分布随时间呈周期变化，并指出尾涡和湍流共同作用是尾流区冲刷的主要动力。

在国内，黄金池等（1998）通过油气管道水毁灾害的实例调查，研究了径流冲刷对管道的影响，探讨了油气管线水毁灾害的形成原因及其对管线的危害形式。彭静（2004）利用修正的线性和非线性湍流模型对丁坝坝头冲坑的形成过程进行了模拟。陈永明（2006）利用标准 k-e 湍流模型对带有复杂自由表面的泄水建筑物的流场进行了模拟，结果与实验基本吻合。赵威（2007）利用 LES 大涡模型对圆柱周围的三维流场进行了模拟，计算得到的床面剪切力、湍动能和垂直压力分布情况均与实验结果相吻合。李成军等（2008）对油气管线坡面水毁地质自然灾害展开分析，总结了坡面水毁在空间上的分布规律及危害管线的模式，探讨了坡面水毁灾害的影响条件。李旦杰（2009）以西南管道为例进行研究，分析了管道水毁灾害的区域分布情况及其对管道的危害方式，并对此提出了一系列的防治措施。李亮亮等（2012）通过对忠县—武汉输气管线以及兰州—郑州—长沙输油管线涉及区域水毁灾害的分析研究，探讨了水毁地质自然灾害的形成要素，总结了其破坏管线的形式，并提出了与之相匹配的水工保护措施。郭微微（2013）通过对中俄原油管线灾害特征的现场调研，从坡面形态特征、洪积扇物质组成以及坡面汇流与水土流失情况三个方面探讨了管道坡面水毁灾害的影响因素。张恒等（2014）基于长庆—呼和浩特原油管线沿线地质灾害的调查，得出了管线坡面水毁地质自然灾害沿线分布特征，依据对多处灾害点的分析探讨，总结出管线坡面水毁地质自然灾害的危害特征。施宁等（2016）为了减缓强降水所引发的地质灾害或次生灾害对管道产生的风险，针对西二线、兰成渝管线、兰郑长管线、忠武管线等选取了水情监测示范工程，对有代表性的管道穿越流域开展了地灾水情自动化监测，并介绍了雨量、水位监测示范点选取的依据及经验，详细阐述了地灾水情自动化监测及评价平台的设计方法及构建经验，概述了该方案的成果及优势。王生新等（2017）对西北地区油气管道沿线进行了坡面水毁灾害调查，统计了西北地区洪积扇上油气管道水工保护措施的类型，分析了坡面水毁灾害对油气管道水工保护措施的破坏方式，并总结了不同类型水工保护措施的适用条件及其相应的改进方法。潘国耀等（2017）研发了一种油气管道河道穿越段河床下降监测装置，实现了针对油气管道穿越河床段自动化监测的生产应用。王任等（2018）依据中缅油气管道龙陵至弥渡段坡面水毁灾害的调查研究，提出了一种新型的灾害治理方案，其具备施工迅捷、经济、安全系数高及环境友好的优点。陈国辉等（2019）以西南管道沿线 119 处典型河（沟）道水毁灾害为例，通过灾害影响因素分析，初步确定评价指标体系备选指标因子，利用贡献率模型，通过样本统计、分析，完成河（沟）道水毁灾害影响因子的因子间与因子内部的敏感性分析，最终构建了油气管道河（沟）道水毁灾害危险性评价指标。

  水毁灾害的国内外研究主要集中在冲刷实验、数值模拟、水毁防治等方面。目前河沟道水毁灾害的监测也只是局限于水文、降雨的监测，而基于管道安全考虑的埋深监测仅有四川省地质工程勘察院集团有限公司研发的"油气管道河道穿越段河床下降监测装置"的少量应用，还缺乏对水毁灾害监测预警深入、系统的研究。

2.8 采空区灾害预警预报模型研究现状

对采空区地表动态预测的研究最早开始于 20 世纪二三十年代，以派尔兹和什密茨为代表的学者对煤矿开采时地表动态沉陷问题进行了研究，并提出了时间系数的概念。波兰学者 Knothe（1952）在什密茨提出的时间系数的基础上，推导出适合预测采空区地表动态位移的 Knothe 时间函数。Schober 和 Scroka（1982）在 Knothe 时间函数的基础上提出了双参数时间函数。Peng（1984）研究煤矿开采时长壁开采工作面所引起的地表沉陷，发现地表变形与开采时间有一定的联系，并且覆岩也是影响相关时间参数的一个因素。德国学者克拉茨（1984）通过对德国一矿区的研究分析得知，不同地区、不同开采深度、不同开采速度都会影响到时间系数的变化。Peng 和 Luo（1988）依据长壁开采时地表的沉陷速率提出了概率积分函数模型，并成功预测了沉陷区地表上任意点的动态位移。Jarosz 等（1990）以某一煤矿的地表实测数据为基础，进行了相应的室内动态加载实验，分析计算得出该矿区的 Knothe 时间系数。近年来，以广义时间函数模型和人工神经网络为基础预测地表下沉位移和监测地表动态变化的研究逐渐展开。Carnic 和 Delacourt（2000）采用人工神经网络对维莱尼煤矿的实际地表位移进行了预测。Ambroziche 和 Turk（2003）通过星载合成孔径雷达（SAR）系统获得差分干涉图像，为绘制小空间范围的地表变形和监测其时空演化提供了可能。西班牙学者 Gonzalez 等（2007）运用正态分布的时间函数模型来预测地表动态位移，并将正态分布的时间函数模型应用到西班牙某矿区的地表动态位移预测，然后将正态分布的时间函数模型的计算结果与 Knothe 时间函数和 Sroka-Schober 函数的计算结果进行对比，结果表明正态分布的时间函数模型更符合实际地表下沉位移。Djamaluddin（2011）将 GIS 地理信息软件与 Knothe 时函数相结合，以 GIS 辅助预测地表动态位移，并用于评估地表的变形。Li 等（2011）采用改进人工神经网络（ANN）对采空区地面沉降进行监测研究，结果显示模型模拟结果与实测结果吻合较好。Hu

等（2015）对全沉角的 Knothe 时间函数模型进行了分析。Li 等（2019）运用数值模拟来评估地质力学参数对地表运动值的敏感性，结果表明地表运动极值敏感因子随着采矿程度的增加逐渐由刚度参数向强度参数转变，评价指标对地质力学参数的敏感性与采动区塑性区比例有关，并提出了一种新的地表沉降动态预测方法。

  国内关于煤矿采空区地表动态预测的研究还很少，主要集中在以下方面。20 世纪 80 年代，邓喀中等运用双曲函数模型对一矿区进行了地表动态预测，并将模型预测结果与实测数据作对比，验证了双曲函数模型的可用性。崔希民等（1999）以原始 Knothe 时间函数为基础，在避免了 Knothe 函数的局限性后，给出了与实际地表移动变形相符合的时间函数分布曲线。刘玉成（2010）运用 FLAC3D 软件对煤层开采过程进行了模拟，并运用改进的 Knothe 时间函数对地表进行了动态预测，且对改进的 Knothe 时间函数的参数求取方法进行了讨论分析。廉旭刚（2012）运用 Visual Basic 6.0 软件系统集合 Knothe 时间函数模型开发了煤矿开采时地表动态沉降位移变形系统。王瑞云（2013）运用遗传算法和概率积分法预测地表任一点的沉降位移，解决了概率积分法中对初始值要求较高、抗粗差干扰性较弱等问题，比以往的预计模型更准确。胡青峰等（2014）通过对平安煤矿、富力煤矿和孙村煤矿的实测数据分析，对 Knothe 时间函数参数的求解模型进行了相应的研究。张兵等（2016）对 Knothe 时间函数进行了改进，使用分段 Knothe 时间函数对矿区的地表沉降进行了预测，并对分段时间函数的相关参数进行了求解分析。张兵等（2017）运用 Knothe 时间函数进行了相应的改进和推导，并对 knothe 时间函数相关参数进行了研究，在一定程度上推进了地表动态位移变形的理论发展。陈磊（2018）通过将 Knothe 时间函数改进为幂指数 Knothe 时间函数，对采空沉陷区进行了相应的分析。周振方（2018）基于系统动力学理论，运用麦克劳林公式等方法提出了煤矿采空区涌水双指数衰减动力学模型，并对此模型进行了分析，解出了模型参数的近似解。侯杰（2018）

将 VB 和 MatrixVB 相结合,在缓倾斜煤层和大倾角煤层时对煤矿采空区地表移动和变形进行了分析编程。魏帅颖(2018)根据抚顺老虎台矿区实际开采情况,运用 FLAC3D 软件进行模拟开采过程,并运用有限元软件 ANSYS 模拟了整体结构模型,对老采空区进行分析得出了建筑物可以重建的最早时间。何东林(2018)运用 FLAC3D 分析了不同开采顺序、不同开采方式、不同时间空间以及煤层顶板岩性对采空区上覆地层变形的影响规律,以及在不同影响敏感因子下通过运用 Origin 和 MATLAB 软件对采空区地表变形规律进行函数拟合。孙富强(2018)对矿山老采空区地表的残余变形机理进行了研究,针对老采空区地表残余变形问题运用双曲线模型、指数曲线模型、对数曲线模型和幂曲线模型进行了对比分析,建立了模型优选方法,并验证了优选方法的正确性。李强等(2019)运用 FLAC3D 数值模拟软件模拟了店坪煤矿 5 号煤层的开采过程,建立了浅埋煤层开采工作面的地表沉陷数值计算模型。樊克松(2019)利用 KJ-21 矿山压力监测系统以及相似模拟试验和 3DEC 数值模拟,对芦子沟煤矿特厚煤层综放工作面矿压显现规律、地表变形规律和矿压显现与地表变形的时空规律以及采空区形成机制进行了研究。

采空区预警预报技术理论和方法的研究相对较早,多采用概率积分法等分析采空区地表形变、时间函数预测地表变化趋势。管道采空区的相关研究主要采用数值模拟方法分析管道变化情况,与实际情况尚存在些许偏差。

自修正预警预报阈值分析方法

本章针对数据异常及缺失的处理、数据预测、单指标预警模型、预警阈值动态调整这几个方面,展开了相关算法的调研选型,并对算法进行分析比较,选定了相对合理的算法模型。

3.1 异常值消除和过滤算法

3.1.1 3σ

1) 3σ 原则的定义

异常值是指样本中的个别值,其数值明显偏离其余的观测值。异常值也称离群点,异常值的分析也称离群点的分析。

在进行机器学习过程中,需要对数据集进行异常值剔除或者修正,以便后续更好地进行信息挖掘。3σ 原则,是一种常用的数据异常值处理方法,该方法又称拉依达原则,指假设一组检测数据中只含有随机误差,需要对其进行计算得到标准偏差,按一定概率确定一个区间,对于超过这个区间的误差,就不属于随机误差而是粗大误差,需要将含有此类误差的数据进行剔除。

局限性:3σ 原则仅局限于对正态或近似正态分布的样本数据进行处理,并以测量次数充分大为前提的(样本大于 10)。在测量次数相对较少的情形下,用准则剔除粗大误差是不够可靠的。在测量次数较少的情况下,最好不要选用该准则。

3σ 原则:

数值分布在($\mu-\sigma$, $\mu+\sigma$)的概率为 0.682 7;

数值分布在($\mu-2\sigma$, $\mu+2\sigma$)的概率为 0.954 5;

数值分布在($\mu-3\sigma$, $\mu+3\sigma$)的概率为 0.997 3。

其中:μ 为平均值,σ 为标准差。一般认为,数据 Y 的取值几乎全部集中在区间($\mu-3\sigma$, $\mu+3\sigma$),超出这个范围的可能性不到 0.3%,这些超出该范围的数据可以认为是异常值。对于正态分布而言,数值分布如图 3.1 所示。

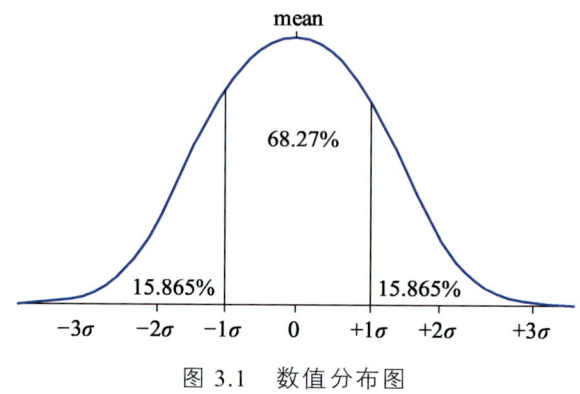

图 3.1 数值分布图

($-\sigma$, σ)是距平均值小于一个标准差之内的数值范围。在正态分布中,此范围所占比率为全部数值的 68%,根据正态分布,两个标准差之内的比率合起来为 95%;3 个标准差之内的比率合起来为 99%。

2)3σ 原则的作用

异常值检测是机器学习中重要的一部分,它的任务是发现与大部分其他对象显著不同的对象。大部分机器学习过程将这种差异信息视为噪声而丢弃。具体实现步骤如下:

(1)首先需要保证数据列大致上服从正态分布;

(2)计算需要检验的数据列的平均值和标准差;

(3)比较数据列的每个值与平均值的偏差是否超过 3 倍标准差,如果超过 3 倍，则为异常值；

（4）剔除异常值，得到规范的数据。

3.1.2 卡尔曼滤波

20 世纪 60 年代初，Kalman 和 Bucy 最先提出基于状态空间的递推滤波算法，即卡尔曼滤波算法。卡尔曼滤波器是一种自回归滤波器，采用递归算法，能够通过一系列不完全和包含噪声的测量值，估计出动态系统的状态。使用状态空间法在时域内设计滤波器，适用于多维随机过程的估计；具有连续型和离散型两类算法，其中离散型算法很容易实现数字化。随着计算机技术的快速发展，卡尔曼滤波器逐渐得到了广泛的研究和应用。基于卡尔曼滤波器的方法要求系统模型已知，当模型比较精确的时候，通过比较滤波器的输出与实际输出的残差，调整滤波器的参数，通过对系统状态估计误差协方差的极小化，得到递推估计的一组方程，由于它同时得到系统的预报方程，因此在预报领域也得到大量的应用。

下面介绍离散型卡尔曼滤波器的原理。考虑图 3.2 所示的线性、离散的动态系统。

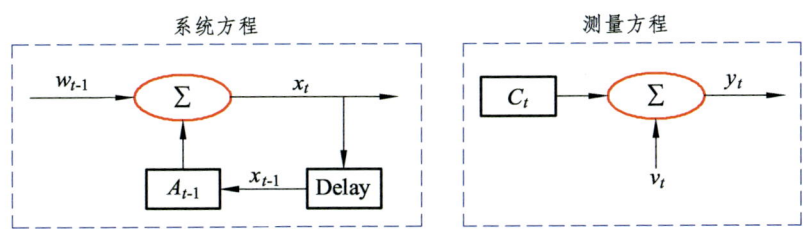

图 3.2　线性、离散的动态系统框图

系统的状态方程为

$$x_{t+1} = Ax_t + w_t \tag{3.1.1}$$

系统的测量方程为

$$y_t = Cx_t + v_t \tag{3.1.2}$$

式中：x_t 表示系统状态向量；y_t 是测量输出；w_t 是系统干扰；v_t 是测量

噪声；t 表示离散时刻下标。$\boldsymbol{w}_t$ 和 $\boldsymbol{v}_t$ 是不相关的均值为 0 的高斯随机向量；协方差分别为 $Q \geqslant 0, R > 0$；$\boldsymbol{A}$ 为转移矩阵；$\boldsymbol{C}$ 为观测矩阵。

假设下列初始条件成立：

$$E[x_0] = \hat{x}_0 \tag{3.1.3}$$

$$E[\boldsymbol{x}_t \boldsymbol{v}_m^{\mathrm{T}}] = 0 \tag{3.1.4}$$

$$E[\boldsymbol{x}_t \boldsymbol{w}_m^{\mathrm{T}}] = 0 \tag{3.1.5}$$

$$E[(x_0 - \bar{x}_0)(x_0 - \bar{x}_0)^{\mathrm{T}}] = P_0 \tag{3.1.6}$$

式中：$E[x]$ 表示对随机变量 x 求期望；$\bar{x}$ 为 x 的期望。

卡尔曼滤波用反馈的方法来递推待估计的状态。卡尔曼滤波器先估计某一时刻过程的状态，然后以含噪声测量变量的方式获得反馈。滤波器分为两个部分：时间更新方程和测量更新方程，其中时间更新方程部分主要起预测作用，负责推算当前状态和误差协方差矩阵的估计值，为下一个时间状态提供先验估计；测量更新方程部分主要起校正作用，负责反馈，将先验估计值和新的测量值相结合，为下一个时间状态提供修正后的后验估计。

第一步：时间更新。

$$\hat{x}_{t+1|t} = \boldsymbol{A}\hat{x}_{t|t} \tag{3.1.7}$$

$$\boldsymbol{P}_{t+1|t} = \boldsymbol{A}\boldsymbol{P}_{t|t}\boldsymbol{A}^{\mathrm{T}} + Q \tag{3.1.8}$$

已知 t 时刻最优估计值 $\hat{x}_{t|t}$，由式（3.1.7）预测状态先验估计值 $\hat{x}_{t+1|t}$，由式（3.1.8）预测状态的先验误差协方差矩阵 $\boldsymbol{P}_{t+1|t}$。

求出卡尔曼增益：

$$K_{t+1} = \boldsymbol{P}_{t+1|t}\boldsymbol{C}(\boldsymbol{C}\boldsymbol{P}_{t+1|t}\boldsymbol{C}^{\mathrm{T}} + R)^{-1} \tag{3.1.9}$$

第二步：测量更新。

$$\hat{x}_{t+1|t+1} = \hat{x}_{t+1|t} + K_{t+1}(y_{t+1} - \boldsymbol{C}\hat{x}_{t+1|t}) \tag{3.1.10}$$

$$\boldsymbol{P}_{t+1|t+1} = (\boldsymbol{I} - K_{t+1}\boldsymbol{C})\boldsymbol{P}_{t+1|t} \tag{3.1.11}$$

通过观测误差最小方差且状态无偏的原则求出卡尔曼增益并对先验估计值进行修正，可以得到状态变量的最优估计值 $\hat{x}_{t+1|t+1}$，同时求出最优估计方差矩阵 $P_{t+1|t+1}$。

可以看出，卡尔曼滤波是一种递推算法。在已知初始条件 x_0 和 P_0 的条件下，由 $t+1$ 时刻的测量值 y_{t+1} 与 $t+1$ 时刻的输出观测值 $\hat{y}_{t+1} = C\hat{x}_{t+1|t}$ 之间的偏差和卡尔曼增益，对先验估计值 $\hat{x}_{t+1|t}$ 不停地修正，从而得到最优估计值 $\hat{x}_{t+1|t+1}$。

卡尔曼滤波采用这种预测和修正相结合的递归推算方式，在每一时刻，只需根据最新得到的观测数据便可得到当前的状态最优估计值，无须存储大量的历史观测数据，具有良好的实时性，易于计算机实现。

若卡尔曼滤波器是一致渐近稳定的，且系统的系数矩阵为时不变矩阵，则随着滤波次数的增加，最优估计值最终将不依赖系统的初始值，实现无偏估计。卡尔曼滤波器的收敛性会受到多种因素的影响，比如计算过程中的舍入误差、模型误差以及被研究系统的可观测性等。卡尔曼工作原理如图 3.3 所示。

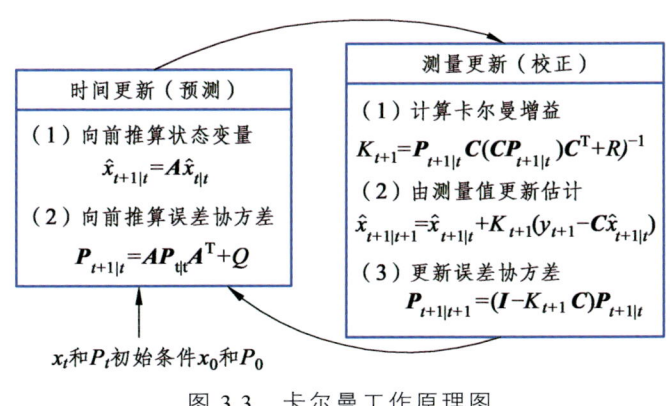

图 3.3　卡尔曼工作原理图

3.1.3　算法分析

监测传感器所监测到的测量值，是基于真实情况的测量值准确值，在特殊情况下，如人为或者外界因素的干扰下，监测传感器测量值会存在极少数的异常值,这种异常值是不具有实际意义的,必须对其进行过滤。

对于异常值的处理,3σ 原则是最常使用的一种数据异常值处理的方法。3σ 原则指假设一组检测数据中只含有随机误差,需要对其进行计算得到标准偏差,按一定概率确定一个区间,对于超过这个区间的误差,就不属于随机误差而是粗大误差,需要将含有该误差的数据进行剔除。而卡尔曼滤波的本质是对每个时刻的系统扰动和观测误差(即噪声)的统计性质做某些适当的假定,通过对含有噪声的观测信号进行处理,就能在平均意义上,求得误差为最小的真实信号的估计值。但实际上,这些异常值是不具有实际意义的,可以认为是错误值,如果采用卡尔曼滤波对监测的测量值(其中包含异常值)进行处理,则会影响异常值的过滤效果。因此考虑从实际出发,对异常值的剔除算法选择最常用的 3σ,其简单、快速,能迅速剔除异常值,剔除后产生的缺失值则可以在后文 LSSVM 算法中进行填补。算法对比分析如表 3.1 所示。

表 3.1 算法对比分析

算法	优缺点
3σ	仅局限于对正态或近似正态分布的样本数据处理,它以测量次数充分大为前提(样本大于 10)。当测量次数少时用准则剔除粗大误差是不够可靠的,此时,最好不要选用该准则。但是其简单、能迅速过滤异常值
卡尔曼滤波	对每个时刻的噪声的统计性质做某些适当的假定,通过对含有噪声的观测信号进行处理,对没有实际意义的异常值处理后,会影响异常值的过滤效果

3.2 缺失值填补算法

首先,通过不同的差值方法对序列数据进行增补,然后通过归一化消除数据间由量纲不同引起的数值差别,再通过正则化处理尽量避免过拟合的发生，最后通过参数调整和深度学习模型的搭建，构建一个适合于处理数据的整体框架。如图 3.4 所示，填补算法的基本框架包含四个层次：时间/空间维度插值、归一化、正则化、LSTM 深度学习模型。

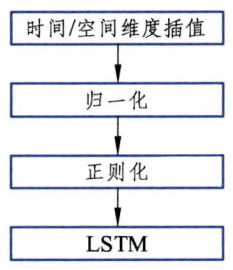

图 3.4　填补算法基本框架

在数值分析中，拉格朗日插值法是一种最常用的多项式插值方法。如果对某个物理量进行观测，在若干个不同的地方得到相应的观测值，通过拉格朗日插值法可以找到一个多项式，其恰好在各个观测点取到观测到的值。这样的多项式就是拉格朗日多项式。

对于给定的 $n+1$ 个点 $(x_0, y_0), (x_1, y_1), \cdots, (x_n, y_n)$，对应于它们的次数不超过 n 的拉格朗日多项式 L 只有一个。

对某个多项式函数，已知给定的 $k+1$ 个取值点：$(x_0, y_0), \cdots, (x_k, y_k)$，其中 x_j 为自变量的取值，而 y_j 为函数在 x_j 位置处的取值。假设取值中所有的 x_j 都不相等，则使用拉格朗日插值公式得到的拉格朗日多项式为

$$L(x) := \sum_{j=0}^{k} y_j l_j(x) \quad (3.2.1)$$

其中每个 $l_j(x)$ 为拉格朗日插值基函数，其表达式为

$$l_j(x) := \prod_{i=0, i \neq j}^{k} \frac{x - x_i}{x_j - x_i} = \frac{(x - x_0)}{(x_j - x_0)} \cdots \frac{(x - x_{j-1})}{(x_j - x_{j-1})} \frac{(x - x_{j+1})}{(x_j - x_{j+1})} \cdots \frac{(x - x_k)}{(x_j - x_k)}$$

$$(3.2.2)$$

拉格朗日基本多项式 $l_j(x)$ 的特点是在 x_j 上取值为 1，在其他的点 $x_i, i \neq j$ 上取值为 0。

虽然有很多方法处理插值问题，但是没有单一的最好的方法能够处理真正缺失的数据，必须经过实际计算才能确定最合适的方法。

有些机器学习算法要求规范化（normalized）的数据，即每个被操作的单独特征需要有相同的度量单位。相对其他特征来说，特征值的取值范围会影响特征的权重。例如，一个特征的值的范围为 0~1，而另一个特征的值的范围为 1~100，那么相对于第一个特征，第二个特征的权重就是 100。这样的做法是为了突出某个特征的权重，但正确的做法是让机器学习算法区分特征之间的相对权重值，而不是人为地进行干预。因此，为了确保特征之间的平等，需要对数据进行规范化。通常数据规范的范围是 0~1 或 -1~1。数据归一化是数据规范化的一个实例。

数据归一化（标准化）是机器学习/数据挖掘的一项基础工作，是数据预处理的重要一步。样本各个特征往往具有不同的分布范围，通过归一化将各个维度的特征值映射到相同区间，使得各特征值具有相同量纲，处于同一数量级。常用的归一化方法有 Min-Max 归一化（Min-Max Normalization）和 Z-score 归一化（Z-score Normalization）。Min-Max 归一化对各维特征值分别进行线性变换，使得各维特征值被映射到[0, 1]区间。其转换函数为

$$x^* = \frac{x - \min}{\max - \min} \tag{3.2.3}$$

式中：max 为某一维特征的最大值；min 为某一维特征的最小值；x 为某一维特征归一化前的值；x^* 为某一维特征归一化后的值。此方法对于具有向量处理功能的语言友好，编程简单。但是这种方法也有缺陷，当有新样本加入序列时，必须要重新定义 max 和 min 的值，然后进行计算，否则会有越界的情况发生。Z-score 归一化方法是基于原始数据的均值和标准差进行数据的标准化，该方法适用于对某属性的最大值和最小值未知的情况，或有超出取值范围的离散数据的情况。其转换函数为：

$$x^* = \frac{x - \mu}{\sigma} \tag{3.2.4}$$

$$\mu = \frac{1}{N}\sum_{i=1}^{N} x_i \quad (3.2.5)$$

$$\sigma = \sqrt{\frac{1}{N}\sum_{i=1}^{N}(x_i^2 - \mu)^2} \quad (3.2.6)$$

式中：μ 为某特征属性的均值；σ 为某特征属性的标准差。从函数可以看出，经过处理后该维度特征的取值符合标准正态分布。数据归一化的原因可以用下面的例子说明。如图 3.5 所示，在数据没有归一化的条件下，由于 X 轴与 Y 轴数据差距较大，寻找梯度下降的方向较为困难。如图 3.6 所示，在数据归一化后，X 轴与 Y 轴数据差距较小，更容易找到梯度下降的方向。可以看出，数据归一化后，梯度下降更快，更容易正确地收敛到最优解。从经验上说，归一化让不同维度之间的特征在数值上有一定比较性，大大提高了分类器的准确性。

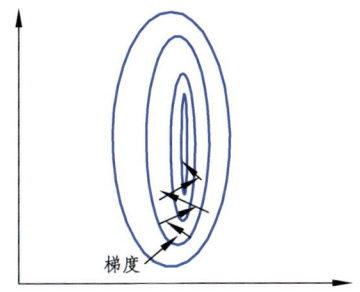 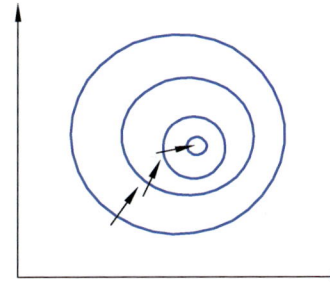

图 3.5　数据归一化前的梯度下降方向　　图 3.6　数据归一化后的梯度下降方向

对于数量一定的数据集，为了避免训练过拟合的发生，通常利用正则化技术。最常用的正则化技术就是 L2 正则。L2 正则的基本思想是，在代价函数中加入一个额外的正则化项。正则化之后的交叉熵：

$$C = -\frac{1}{n}\sum_{xj}[y_j \ln a_j^L + (1-y_j)\ln(1-a_j^L)] + \frac{\lambda}{2n}\sum_w w^2 \quad (3.2.7)$$

式中：第一项是常规的交叉熵表达式；第二项是网络中所有权值的平方和。它由参数 $\lambda/2n$ 进行调整，其中 $\lambda(\lambda > 0)$ 被称为正则化参数（regularization parameter），n 是学习集的大小，a_j^L 为 L 层第 j 个输出。

一般地，正则化的代价函数写为

$$C = C_0 + \frac{\lambda}{2n}\sum_w w^2 \quad (3.2.8)$$

其中，C_0是原本的、没有正则化的代价函数。

正则化的作用是在其他方面保持不变的情况下，防止模型过拟合。如果它们能显著地改进代价函数的第一部分，那么就选择较大的权值。因此，正则化能够在考虑较小权值的情况下又最小化原来的代价函数。两个要素的重要性由λ确定：当λ较小时，结果向最小化的代价函数偏移；当λ较大时，结果向更小的权值偏移。

3.2.1 LSSVM

设样本集为$\{(x_i,y_i)\}, i=1,\cdots,n, x_i \in \mathbf{R}^d, y_i \in \mathbf{R}$，回归型LSSVM（最小二乘支持向量机）就是回归函数

$$f(x) = w \cdot \psi(x) + b \quad (3.2.9)$$

求解$f(x)$即求解如下优化问题：

$$\min J(w,e) = \frac{1}{2}\|w\|^2 + \frac{C}{2}\sum_{i=1}^n e_i^2 \quad (3.2.10)$$
$$\text{s.t. } y_i = w \cdot \psi(x_i) + b + e_i, i=1,2,\cdots,n$$

将约束优化问题变成无约束优化问题，建立Lagrange函数：

$$L(w,b,e;a) = J(w,e) - \sum_{i=1}^n a_i(w\psi(x_i) + b + e_i - y_i) \quad (3.2.11)$$

根据KKT条件，有

$$\begin{aligned}
\frac{\partial L}{\partial w} &= 0 \rightarrow w = \sum_{i=1}^n a_i \psi(x_i) \\
\frac{\partial L}{\partial b} &= 0 \rightarrow \sum_{i=1}^n a_i = 0 \\
\frac{\partial L}{\partial e_i} &= 0 \rightarrow a_i = Ce_i \\
\frac{\partial L}{\partial a_i} &= 0 \rightarrow w \cdot \psi(x_i) + b + e_i - y_i = 0
\end{aligned} \quad (3.2.12)$$

消去方程组中的 e_i, w 后，得到线性方程组：

$$\begin{bmatrix} 0 & \boldsymbol{l}^{\mathrm{T}} \\ \boldsymbol{I} & \boldsymbol{Q}_n + \boldsymbol{C}^{-1}\boldsymbol{I} \end{bmatrix} \begin{bmatrix} b \\ \boldsymbol{a} \end{bmatrix} = \begin{bmatrix} 0 \\ \boldsymbol{y}_n \end{bmatrix} \quad (3.2.13)$$

式中

$$\boldsymbol{y}_n = (y_1, y_2, \cdots, y_n)^{\mathrm{T}}$$

$$\boldsymbol{l} = (1, 1, \cdots, 1)^{\mathrm{T}} \quad (3.2.14)$$

$$\boldsymbol{a} = (a_1, a_2, \cdots, a_n)^{\mathrm{T}} \quad (3.2.15)$$

$$\boldsymbol{Q}_{n,y} = (\psi(x_i) \cdot \psi(x_j)) = k(x_i, x_j), \quad i, j = 1, \cdots, n \quad (3.2.16)$$

$k(x_i, x_j)$ 是满足 Mercer 条件的核函数，$\boldsymbol{l}$ 是相应维数的单位矩阵。令 $\boldsymbol{H}_n = \boldsymbol{Q}_n + \boldsymbol{C}^{-1}\boldsymbol{I}$，因为 $\boldsymbol{Q}_n$ 为核矩阵，故 $\boldsymbol{Q}_n$ 半正定，$\boldsymbol{H}_n$ 正定、可逆，则可以求得上述方程组的解为

$$\begin{cases} b = \dfrac{\boldsymbol{l}^{\mathrm{T}} \boldsymbol{H}_n^{-1} \boldsymbol{y}_n}{\boldsymbol{l}^{\mathrm{T}} \boldsymbol{H}_n^{-1} \boldsymbol{l}} \\ \boldsymbol{a} = \boldsymbol{H}_n^{-1}(\boldsymbol{y}_n - \boldsymbol{l}b) \end{cases} \quad (3.2.17)$$

进而获得回归函数：

$$f(x) = w \cdot \psi(x) + b = \sum_{i=1}^n a_i k(x_i, x) + b \quad (3.2.18)$$

3.2.2 BP 神经网络

1943 年，心理学家 W. McMulloch 和数理逻辑学家 W. Pitts 根据生物神经元（节点）的功能和结构，提出了一种高度复杂、非线性的 M-P 人工神经网络模型。1957 年，Rosenblatt 首先提出了感知机 MLP 模型。1982 年，Hopfield 提出了 Hopfield 网络。Hopfield 网络开创了人工神经网络，用于联想记忆和优化的模式，极大地推动了神经网络的研究。基本的 Hopfield 网络，是一个由非线性元件构成的单层反馈系统。由于 Hopfield 网络要采用 Hebb 学习规则，其收敛速度比前馈型网络快很多。1986 年，Rumelhart 和 McCelland 等提出，误差反向传播算法（Back Propagation，BP 算法）用于多层前馈神经网络的优化中，成功解决了线性不可分问题，

成为迄今为止应用最广的神经网络学习算法,大大推动了神经网络的研究。

事实上,实际应用中 90% 的神经网络系统都是基于 BP 算法的。作为人工神经网络中最常用的算法模型,BP 神经网络具有较为完备的理论基础。它能够模仿人脑神经元对外部刺激信号的反应过程,基于多层感知器,结合信号正向传播和误差的反向调节,在多次重复学习的基础上,有效地建立用于处理非线性信息的智能化网络预测模型。图 3.7(a)是一个由树突、细胞体、轴突和突触四部分构成的典型的人脑神经元网络结构,它将各种形状的神经元连接在一起。其中,树突是细胞用于感知外界信息的许多较短分支,相当于神经网络的输入;轴突是细胞向外延伸的最长分支,连接神经末梢,外界信息可以通过轴突传入脑神经系统的各个部分,相当于神经网络的输出。信息由树突接收,经过细胞体,再由轴突传出,整个信息传递过程就是 BP 神经网络的仿生基础。

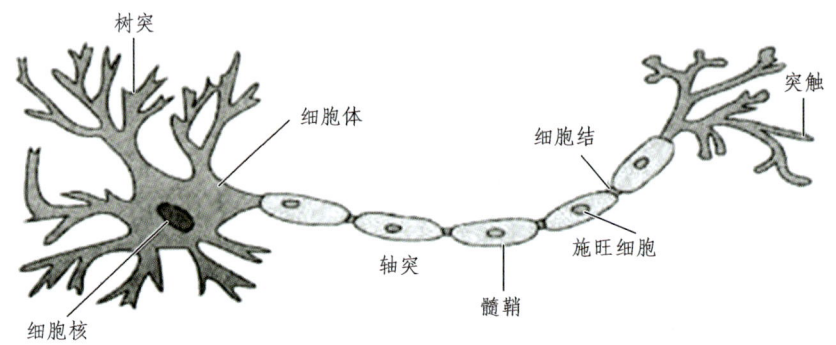

(a)人脑神经元网络结构

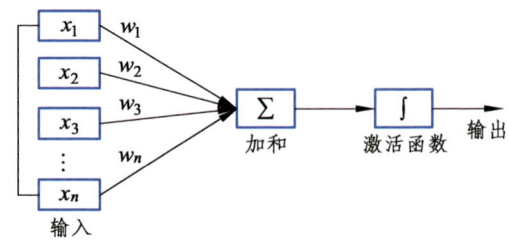

(b)典型 n 维输入神经元模型

图 3.7 人脑神经元网络结构和典型 n 维输入神经元模型示意图

BP 神经网络是对生物神经元的简化与模拟,一个典型的 n 维输入的神经元模型结构，它由以下五部分组成［见图 3.7（b）］。

（1）输入：$x_1, x_2, \cdots, x_n$ 为神经元的 n 个输入，用列矢量 $\boldsymbol{X}$ 表示为

$$\boldsymbol{X} = [x_1, x_2, \cdots, x_n]^\mathrm{T} \tag{3.2.19}$$

（2）网络权值：$w_{11}, w_{12}, \cdots, w_{1n}$ 为网络的权值，连接网络的输入和神经元，用矢量 $\boldsymbol{W}$ 表示为

$$\boldsymbol{W} = [w_{11}, w_{12}, \cdots, w_{1n}] \tag{3.2.20}$$

（3）单元求和：BP 神经网络对输入信号处理的第一个过程，用于对输入信号进行加权求和，即

$$net = \sum_{k=1}^{n} x_k w_{1k} + b \tag{3.2.21}$$

式中：b 为网络的阈值，是一个 1×1 的标量。网络的权值和阈值并不是一个定值，可以通过调节这两个值来使网络达到最佳性能。

（4）传递函数：BP 神经网络对输入信号处理的第二个过程，用于对加权求和后的信号进行函数运算，限制神经元的输出。Sigmoid 函数是最常用的形式。

（5）输出：在对输入信号加权求和并且通过传递函数作用后，最终的输出为

$$y = f(wx + b) \tag{3.2.22}$$

BP 神经网络是一种单向传播的多层前馈网络，采用后向传播算法（BP 算法）。BP 网络包含输入层、隐含层和输出层，如图 3.8 所示，是应用较多且经典的一种模型。

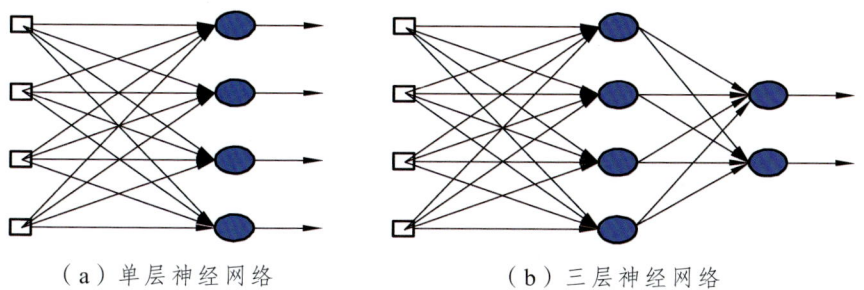

（a）单层神经网络　　　　　（b）三层神经网络

图 3.8　三层 BP 神经网络

算法的学习过程分为两个阶段：第一阶段为正向传播过程，从输入层经隐层逐层计算各层节点的实际输出值，每一层的节点只接受前一层节点的输入，也只对下一层节点的状态产生影响；第二阶段是反向传播过程，若输出层未能得到期望的输出值，则逐层递归计算实际输出与期望输出之间的误差，根据该误差修正前一层权值使误差信号趋向最小。在误差函数斜率下降的方向上不断调整网络权值和阈值的变化而逐渐逼近目标函数，每一次权值和误差的变化都与网络误差的影响成正比。

神经网络理论已经证明，只要隐层节点数足够多，用单隐层的 BP 神经网络就可以以任意精度逼近任何一个具有有限间断点的非线性函数。隐层数越多，误差传递环节越多，神经网络的泛化性能也越低，因此 BP 神经网络常采用三层结构。

设输入输出对 (X_P, T_P)，$p=1, 2, \cdots, P$，其中 P 为训练样本数；X_P 为第 p 个样本输入向量，$X_P = (x_{P1}, \cdots, x_{PM})$；$M$ 为输入向量维数；T_P 为第 p 个样本输出向量（期望输出），$T_P = (t_{P1}, \cdots, t_{PM})$；$N$ 为输出向量维数；网络的实际输出向量为 $O_P = (o_{P1}, \cdots, o_{PM})$。神经网络采用单隐层结构，隐层的节点数为 H。输入层与隐层之间、隐层与输出层之间的连接权值用 w_{ij} 表示，w_{ij} 表示前一层第 i 个节点到后一层第 j 个节点之间的连接权值。神经网络的隐层和输出层的传递函数均采用 Sigmoid 型函数，即 $f(x) = 1/(1+e^{-x})$，误差函数 $E = \frac{1}{2}\sum_{k=1}^{N}(t_k - o_k)^2$。

三层 BP 神经网络程序实现算法步骤：

（1）隐层节点的输出。

$$y_j = f(net_j) = f\left(\sum_{i=1}^{M}\omega_{ij}x_i\right) \quad (3.2.23)$$

式中：x_i 为第 i 个输入层节点的输入；y_j 为第 j 个隐层节点的输出。

（2）输出层节点 o_k。

$$o_k = f(net_k) = f\left(\sum_{j=1}^{H}\omega_{jk}y_j\right) = f\left(\sum_{j=1}^{H}\omega_{jk}f\left(\sum_{i=1}^{M}\omega_{ij}x_i\right)\right) \quad (3.2.24)$$

（3）定义下降梯度 δ_j。

$$\delta_j = -\frac{\partial E}{\partial net_j} = -\frac{\partial E}{\partial o_j}\frac{\partial o_j}{\partial net_j} = -\frac{\frac{1}{2}\sum_k (t_k - o_k)^2}{\partial o_j} f'(net_j)$$
$$= (t_j - o_j) f'(net_j) \quad (3.2.25)$$

输出层和隐层节点的权值增加与下降梯度成正比，权值的更新公式为

$$w_{ji}(t+1) - w_{ji}(t) = \eta \delta_i o_j \quad (3.2.26)$$

式中：η 是学习率；α 是动量因子。它们直接决定了权值更新的量。

但BP神经网络也存在一些问题，主要表现在以下方面：

（1）收敛速度慢。

BP算法属于最速下降的方法，训练时很难掌握。该算法的训练速度非常慢，训练时步长不容易确定，如果步长太长则达不到精度，甚至会发散，如果步长太短则迭代次数增加，收敛速度变慢。在输出接近饱和的情况下，误差曲面出现一些平坦区，权值的改变对误差变化影响很小，即无论训练多长时间误差基本不可能下降。

要解决上述问题可以采用两种改进方案：一是改进迭代算法，增大学习率，加快收敛速度；二是采用共轭梯度法、变尺度法等。

（2）容易陷入局部极小。

对于一个复杂的神经网络，其误差曲面都是凸凹不平的，分布着许多局部极小点，当采用BP算法搜索最优解时，会陷入局部极小而无法逃离。

解决这一问题最主要的方法是采用全局优化方法。如采用模拟退火算法、遗传算法、禁忌搜索算法或粒子群优化算法等，避免陷入局部极小值。

除此之外，BP神经网络还存在过训练和稳定性的问题。当训练达到极限时，分类能力反而下降，即出现"过拟合"（过训练）现象。

3.2.3 三次样条插值

三次样条插值法是数据处理的一种重要方法。鉴于高次插值不收敛又不稳定的特点，低次插值既具有收敛性又具有稳定性，因此低次插值更具有实用价值。但是低次插值的光滑性较差，比如分段线性插值多项式在插值区间仅具有连续性，在插值节点处有棱角，一阶导数不存在；分段三次 Hermite 插值多项式在插值区间仅具有一阶导数即一阶光滑性但不具有二阶光滑性，不能满足某些实际应用。

样条是在 20 世纪初期经常用于图像设计的一种富有弹性的细长条，多个样条互相弯曲连接后沿其边缘画出的曲线就是三次样条曲线。后来数学上对其进行了抽象，定义了 m 次样条函数，并成为数值逼近的重要研究分支，进一步扩大了样条函数的应用范围。

1）三次样条插值的计算

对于给定的 $n+1$ 个点的数据序列 $\{(x_i, y_i)\}$，$i=0, 1, 2, 3, \cdots, n$，满足可以用 n 段三次多项式在数据点之间构建一个三次样条函数：

$$S(x) = \begin{cases} S_1(x), x \in [x_0, x_1] \\ S_2(x), x \in [x_1, x_2] \\ \cdots \cdots \\ S_n(x), x \in [x_{n-1}, x_n] \end{cases} \quad (3.2.27)$$

$$(x_0 < x_2 < \cdots < x_i < x_{i+1} < \cdots x_n)$$

$S(x)$ 需要满足条件：

（1）插值特性，$S(x_i) = y_i$；

（2）样条相互连接，$S_{i-1}(x_i) = S_i(x_i), i = 2, 3, \cdots, n$；

（3）一阶连续可导，$S'_{i-1}(x_i) = S'_i(x_i), i = 2, 3, \cdots, n$；

（4）二阶连续可导，$S''_{i-1}(x_i) = S''_i(x_i), i = 2, 3, \cdots, n$。

对于 $[x_{i-1}, x_i]$ 三次样条函数，可以写成 ax^3+bx^2+cx+d 的形式，所以要确定其中一段的函数表达式需要四个条件，故对于组成 $S(x)$ 的 n 个三次

多项式需要 $4n$ 个条件才能确定这些多项式。其中插值特性提供了 $n+1$ 个条件，内部数据连接、一阶连续可导和二阶连续可导可分别确定 $n-1$ 个条件，总计 $4n-2$ 个条件。另外两个条件，可根据不同的边界条件确定。通常，根据实际问题确定三次样条插值在端点的状态方程。常用边界的条件有以下三类：

第一类边界条件：给定端点处的一阶导数值，$S_1'(x_0)=y_0', S_n'(x_n)=y_n'$；

第二类边界条件：给定端点处的二阶导数值，$S_1''(x_0)=y_0'', S_n''(x_n)=y_n''$；

第三类边界条件（周期性条件）：$S_1'(x_0+0)=S_n'(x_n), S_1''(x_0+0)=S_n''(x_n)$。

$S_i(x)$ 在 $[x_{i-1}, x_i]$ 区间上是三次多项式，则 $S_i''(x)$ 是一次多项式，设 $S_i''(x_i)=A_i$, $i=1,2,3,\cdots,n$，则在此区间 $S_i''(x)$ 是 x 的线性函数。所以 $S_i''(x)$ 的表达式为

$$S_i''(x)=A_{i-1}\frac{x_i-x}{x_i-x_{i-1}}+A_i\frac{x-x_{i-1}}{x_i-x_{i-1}} \quad (3.2.28)$$

令 $h_i=x_i-x_{i-1}$，对 $S_i''(x)$ 求两次积分，得到 $S(x_i)$ 的表达式：

$$S_i(x)=A_{i-1}\frac{(x-x_{i-1})^3}{6h_i}+A_i\frac{(x_i-x)^3}{6h_i}+B_i(x_i-x)+C_i(x-x_{i-1}) \quad (3.2.29)$$

其中 B_i, C_i 根据插值条件 $S_i(x_{i-1})=y_{i-1}, S_i(x_i)=y_i$ 确定，则计算可得

$$\begin{aligned} B_i &= \frac{1}{h_i}\left(y_{i-1}-\frac{1}{6}M_{i-1}h_i^2\right) \\ C_i &= \frac{1}{h_i}\left(y_i-\frac{1}{6}M_i h_i^2\right) \end{aligned} \quad (3.2.30)$$

将式（3.2.30）代入 $S_i(x)$ 可得

$$\begin{aligned} S_i(x) = &A_{i-1}\frac{(x_i-x)^3}{6h_i}+A_i\frac{(x-x_{i-1})^3}{6h_i}+\left(y_{i-1}-\frac{A_{i-1}}{6}h_i^2\right)\frac{(x_i-x)}{h_i}+ \\ & \left(y_i-\frac{A_i}{6}h_i^2\right)\frac{(x-x_{i-1})}{h_i}, \quad x\in[x_{i-1},x_i], \quad i=1,2,\cdots,n \end{aligned}$$

$$(3.2.31)$$

由此可知，只要确定 $A_i, i=0,1,2,\cdots,n$，就可确定三次样条差值函数 $S(x)$。再由一阶导数连续，即 $S'_{i-1}(x_i-0)=S'_i(x_i+0)$，整理得

$$\frac{h_i}{h_i+h_{i+1}}A_{i-1}+2A_i+\frac{h_{i+1}}{h_i+h_{i+1}}A_{i+1}=\frac{6}{h_i+h_{i+1}}\left(\frac{y_{i+1}-y_i}{h_i}-\frac{y_i-y_{i-1}}{h_{i-1}}\right)$$

（3.2.32）

令

$$\mu_i=\frac{h_i}{h_i+h_{i+1}},\alpha_i=\frac{h_{i+1}}{h_i+h_{i+1}}=1-\mu_i,d_i=\frac{6}{h_i+h_{i+1}}\left(\frac{y_{i+1}-y_i}{h_i}-\frac{y_i-y_{i-1}}{h_{i-1}}\right)$$

将式（3.2.32）简化为

$$\mu_i A_{i-1}+2A_i+\alpha_i A_{i+1}=d_i, \quad i=1,2,3,\cdots,n \quad （3.2.33）$$

这是含有 $n+1$ 个未知数、$n-1$ 个方程的线性方程组。因此要确定 A_i，还需要补充两个边界条件。以第二类边界条件为例：

$$\begin{cases} S''_0(x_0)=y''_0 \\ S''_n(x_n)=y''_n \end{cases} \quad （3.2.34）$$

$$\begin{cases} A_0=y''_0 \\ A_n=y''_n \end{cases} \quad （3.2.35）$$

可得只包含 $n-1$ 个未知数、$n-1$ 个方程的线性方程组的矩阵表达式：

$$\begin{bmatrix} 2 & \alpha_1 & & & \\ \mu_2 & 2 & \alpha_2 & & \\ & \ddots & \ddots & \ddots & \\ & & \mu_{n-2} & 2 & \alpha_{n-2} \\ & & & \mu_{n-1} & 2 \end{bmatrix}\begin{bmatrix} A_1 \\ A_2 \\ \vdots \\ A_{n-2} \\ A_{n-1} \end{bmatrix}=\begin{bmatrix} d_1-\mu_1 y''_0 \\ d_2 \\ \vdots \\ d_{n-2} \\ d_{n-1}-\mu_{n-1}y''_n \end{bmatrix} \quad （3.2.36）$$

其中，方程组的系数矩阵是三对角阵并且是对角占优阵，故存在唯一解。可以先对系数矩阵进行 LU 分解，再用追赶法求解得到 A_i，从而确定 $S(x)$。

2）三次样条插值与极值点个数的关系

由上一节的分析可知，给定 $n+1$ 个极值点，确定 n 个分段的三次样条插值函数，求解 n 阶的一次方程组。将上面矩阵改写为 $M_{n\times n}A_{n\times 1}=D_{n\times 1}$。

那么对于 $m<n$，前 m 个极值点有

$$M_{(m-1)\times(m-1)}A'_{(m-1)\times 1} = D'_{(m-1)\times 1} \qquad (3.2.37)$$

因为方程不同，$A'_{(m-1)\times 1}$ 不等于 $A_{(m-1)\times 1}$ 的前 $m-1$ 项，$D'_{(m-1)\times 1}$ 不等于 $D_{(m-1)\times 1}$ 的前 $m-1$ 项。对矩阵进行如下分割：

$$\begin{bmatrix} 2 & \alpha_1 & & & & & & \\ \mu_2 & 2 & \alpha_2 & & & & & \\ & \ddots & \ddots & \ddots & & & & \\ & & \mu_{m-1} & 2 & \alpha_{m-1} & & & \\ & & & \mu_m & 2 & \alpha_m & & \\ & & & & \ddots & \ddots & \ddots & \\ & & & & & \mu_{n-2} & 2 & \alpha_{n-2} \\ & & & & & & \mu_{n-1} & 2 \end{bmatrix} \begin{bmatrix} A_1 \\ A_2 \\ \vdots \\ A_{m-1} \\ A_m \\ \vdots \\ A_{n-2} \\ A_{n-1} \end{bmatrix} = \begin{bmatrix} d_1 - \mu_1 y_0'' \\ d_2 \\ \vdots \\ d_{m-1} \\ d_m \\ \vdots \\ d_{n-2} \\ d_{n-1} - \mu_{n-1} y_n'' \end{bmatrix} \qquad (3.2.38)$$

令

$$M_1 = \begin{bmatrix} 2 & \alpha_1 & & & \\ \mu_2 & 2 & \alpha_2 & & \\ & \ddots & \ddots & \ddots & \\ & & \mu_{m-2} & 2 & \alpha_{m-2} \\ & & & \mu_{m-1} & 2 \end{bmatrix}, M_2 = \begin{bmatrix} 2 & \alpha_m & & & \\ \mu_{m+1} & 2 & \alpha_{m+1} & & \\ & \ddots & \ddots & \ddots & \\ & & \mu_{n-2} & 2 & \alpha_{n-2} \\ & & & \mu_{n-1} & 2 \end{bmatrix}$$

$$O_{\text{up}} = [\alpha_{m-1}], O_{\text{down}} = [\mu_m] \qquad (3.2.39)$$

矩阵可改写为

$$\begin{bmatrix} M_1 & O_{\text{up}} \\ O_{\text{down}} & M_2 \end{bmatrix} \begin{bmatrix} X_1 \\ X_2 \end{bmatrix} = \begin{bmatrix} D_1 \\ D_2 \end{bmatrix} \qquad (3.2.40)$$

其中，X_1 为 $A_{(m-1)\times 1}$ 的前 $m-1$ 项；X_2 为 $A_{(m-1)\times 1}$ 的后 $n-m$ 项；D_1 为 $D_{(m-1)\times 1}$ 的前 $m-1$ 项；D_2 为 $D_{(m-1)\times 1}$ 的后 $n-m$ 项。令 $X_1' = A'_{(m-1)\times(m-1)}$，联立得

$$\begin{cases} M_1 X_1' = D_1' \\ M_1 X_1 = D_1 - O_{\text{up}} X_2 \end{cases} \qquad (3.2.41)$$

M_1 也是对角占优阵，行列式不为零且可逆。

令 $F = D_1 - D_1' = (0,0,\cdots,\mu_{m-1}y_m'')^T$，则

$$X_1' - X_1 = M_1^{-1}(O_{up}X_2 - F) \quad (3.2.42)$$

进而可得到前 m 点的两种三次样条插值函数的均方差：

$$\sigma_{n-m}^2 = (X_1' - X_1)^T(X_1' - X_1) = (O_{up}X_2 - F)^T M_1^{-T} M_1^{-1}(O_{up}X_2 - F) \quad (3.2.43)$$

其中 $(O_{up}X_2 - F)^T = [0\,0\cdots0\,\alpha_m A_m]$

设 $M_1^{-1} = \{c_{ij}\}$，则式（3.2.43）可改写为

$$\sigma_{n-m}^2 = (\alpha_m A_m - \mu_{m-1}y_m')^2 \sum_{i=1}^{m-1} c_{mi}^2 \quad (3.2.44)$$

需要指出的是，针对第二类边界条件，在 m 确定的条件下，σ_{n-m}^2 不受 n 的影响。但是其他的边界条件下，方程组的系数矩阵不能写成

$$\begin{bmatrix} 2 & \alpha_1 & & & \\ \mu_2 & 2 & \alpha_2 & & \\ & \ddots & \ddots & \ddots & \\ & & \mu_{n-2} & 2 & \alpha_{n-2} \\ & & & \mu_{n-1} & 2 \end{bmatrix} \begin{bmatrix} A_1 \\ A_2 \\ \vdots \\ A_{n-2} \\ A_{n-1} \end{bmatrix} = \begin{bmatrix} d_1 - \mu_1 y_0'' \\ d_2 \\ \vdots \\ d_{n-2} \\ d_{n-1} - \mu_{n-1} y_n'' \end{bmatrix} \quad (3.2.45)$$

的形式，σ_{n-m}^2 的表达式会有不同。

3.2.4 算法分析

缺失值填补一直是国内外学者的关注点之一，关于缺失值处理的研究方法众多，在不同的工程背景和数据缺失背景下，所考虑的因素也不同，采用的填补手段多种多样。三次样条插值算法只能保证各小段曲线在连接点的连续性，却无法保证整条曲线的光滑性。在对缺失值进行填补时，基于机器学习的 LSSVM 和 BP 神经网络具有较强的非线性学习能力，机器学习算法的评估指标均好于常规的数学算法三次样条插值。三种方法的比较见表 3.2。BP 神经网络算法为解决多属性数据缺失的填补提供了思路，但不适合本书中所面对的单属性样本的缺失数据的填补问

题；BP 神经网络还存在过训练和稳定性的问题，当训练达到极限时，会出现过拟合的现象。考虑到算法的有效性和准确性，本书选择 LSSVM 的机器学习算法对缺失值进行填补。

表 3.2　算法对比分析表

算法	优缺点
LSSVM	机器学习算法，具有较强的非线性学习能力
BP 神经网络	机器学习算法，具有较强的非线性学习能力；BP 神经网络算法为解决多属性数据缺失的填补提供了思路，但不适合本书中所面对的单属性样本的缺失数据的填补问题；BP 神经网络还存在过训练和稳定性的问题，当训练达到极限时会出现过拟合的现象
三次样条插值	算法简单，但是只能保证各小段曲线在连接点的连续性，却无法保证整条曲线的光滑性

3.3　数据预测算法

3.3.1　RNN

循环神经网络（Recurrent Neural Network，RNN），是近年来广泛应用于时序数据处理的一种深度学习算法，在解决时序非线性系统建模等问题上取得了一系列令人瞩目的成果。RNN 中神经元间的循环连接，使 RNN 具备了前后因果、沿时序循环的信息传输结构，可充分利历史信息，逼近时序数据中隐含的映射关系。RNN 的基本结构如图 3.9 所示。

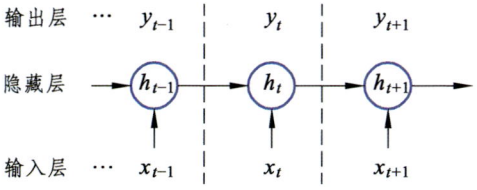

图 3.9　RNN 的基本结构

RNN 的定义有不同版本，但基本大同小异。经典的 Elman RNN 表达式如下：

$$h_t = H_h(W_h \cdot [h_{t-1}, x_t] + b_h)$$
$$y_t = H_y(W_y \cdot h_t + b_y)$$

（3.3.1）

式中：x_t 为输入信号向量；h_t 是隐状态向量；W_h 和 W_y 是权值矩阵；b_h 和 b_y 是偏置向量；H_h 与 H_y 是任意的激活函数。由上述公式可得，隐状态 h_t 的数值，不仅与 x_t 有关，还与前一时刻的隐状态 h_{t-1} 的值有关。这是 RNN 结构区别于传统前向神经网络的根本所在。

通过上述循环连接，RNN 被赋予利用时序数据上下文信息的能力。在实际应用中，需要使用历史上下文信息进行建模分析的问题众多，如语音识别、语义分析、机器翻译、移动物体识别和探测等。在这些应用中，沿时间序列化呈现的信息载体，一般都含有紧密的上下文内在联系。通过合理地利用这些内在联系，可极大地降低模型复杂度，提升建模的效果。因此，RNN 在处理时序数据的建模问题时具有优势。

3.3.2　LSTM

RNN 近年来应用于诸多领域并取得了显著成果，然而传统的 RNN 仍然存在着梯度爆炸（Gradient Exploding）和梯度消失（Gradient Vanishing）问题。在 RNN 中添加梯度截断、添加正则项等，即可避免梯度爆炸问题。梯度消失问题也称长期依赖（Long Term Dependencies）问题，主要指当序列输入较长或网络结构较深时，前后序列的数据信息的关联性减小甚至消失，从而导致网络无法学习到前序序列或前序网络层的重要信息。Hochreiter 和 Schmidhuber 于 1997 年提出了长短时间记忆网络（Long-Short Term Memory Networks，LSTM）。LSTM 是循环神经网络（RNN）的一个变体，可以有效地解决简单循环神经网络的梯度爆炸或梯度消失问题。对 RNN 的网络结构进行改进，使得 LSTM 能够记住长时间的历史信息，改善了 RNN 长期依赖的问题。

对于传统 RNN，其网络模型可以简化成图 3.10 所示模型，重复结构块中之后一个简单的结构，比如 tanh 层。LSTM 的网络模型可以简化为图 3.11 所示模型，LSTM 的结构比 RNN 要复杂很多，其重复结构块中有多个结构，通过特殊的方式交互。

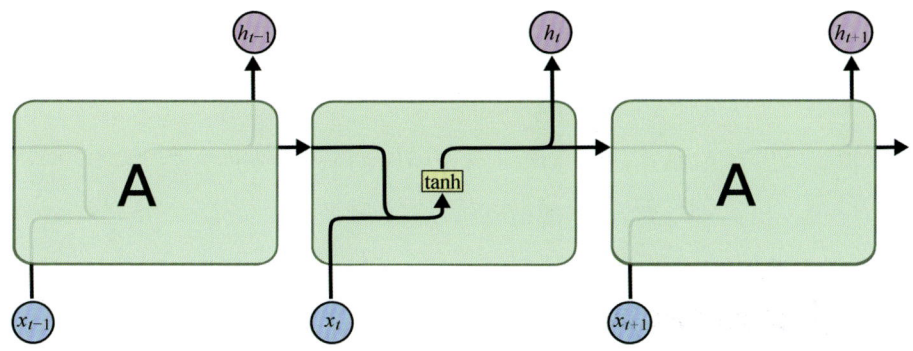

图 3.10　RNN 简化模型

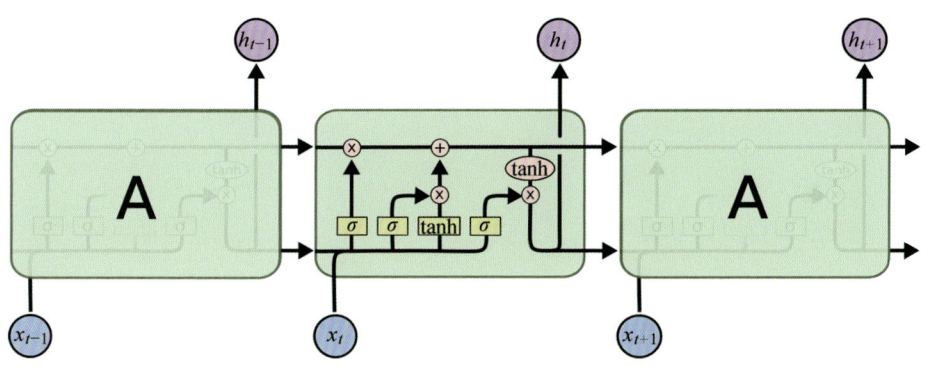

图 3.11　LSTM 简化模型

如图 3.12 所示，LSTM 相比 RNN 多了一个隐藏状态 C_t，这个隐藏状态被称为细胞状态（Cell State）。它就是图中最上面的一条线，类似于传送带，让信息在这条线上传播，这条线也被称为记忆（Memory）。除了细胞状态，每个 LSTM 结构块（Block）都可以分为遗忘门（Forget Gate）、输入门（Input Gate）和输出门（Output Gate），不同的门控单元对 LSTM 的内部状态建立了自循环（Self-Loop）。

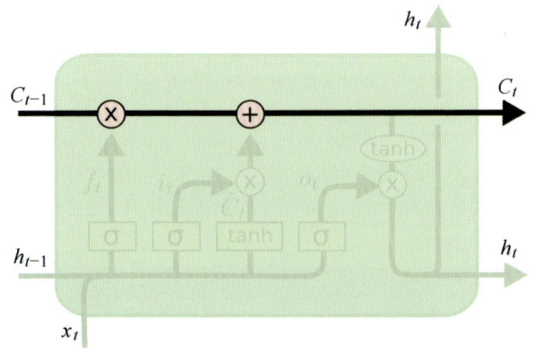

图 3.12 LSTM 结构块中细胞状态

（1）遗忘门。

遗忘门作为 LSTM 结构块中的第一步，能以一定概率决定是否保存上一层的隐藏细胞状态，它决定了从细胞状态中留下哪些信息以及抛弃哪些信息。遗忘门结构如图 3.13 所示。

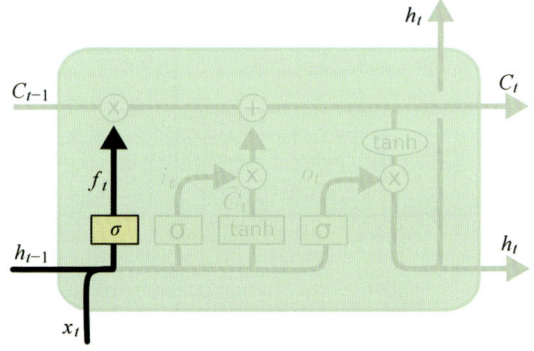

图 3.13 遗忘门结构

遗忘门读取 h_{t-1} 和 x_t，即上一时刻的输出和这一时刻的输入通过 Sigmoid 函数激活。遗忘门的表达式如下：

$$f_t = \sigma(W_f \cdot [h_{t-1}, x_t] + b_f) \qquad (3.3.2)$$

式中：σ 表示 Sigmoid 激活函数；h_{t-1} 是上一个细胞输出的信息；x_t 是当前细胞输入的信息。遗忘门的输出区间为 0 到 1 之间的数，输出乘上一时刻细胞状态 C_{t-1} 后继续参与下一步运算。当遗忘门输出为 0 时，即完全舍弃上一层的细胞状态；遗忘门输出为 1 时，完全保留上一层的隐含细胞状态。遗忘门主要控制着对上一时刻细胞状态 C_{t-1} 的遗忘程度。

（2）输入门。

输入门的作用是控制着向细胞状态中添加新的信息，输入门主要决定了添加多少信息、添加什么信息到历史细胞状态中，其依然是通过输入 h_{t-1} 和 x_t 计算得出要添加的新信息。

输入门主要分为两个步骤：第一步称为"输入门层"，是一个 Sigmoid 计算层，此层决定了要向历史细胞状态中添加哪些信息；第二步是一个 Tanh 层，产生一个候选值向量。Sigmoid 层和 Tanh 层共同作用决定了最终向细胞状态中添加什么信息。输入门结构如图 3.14 所示。

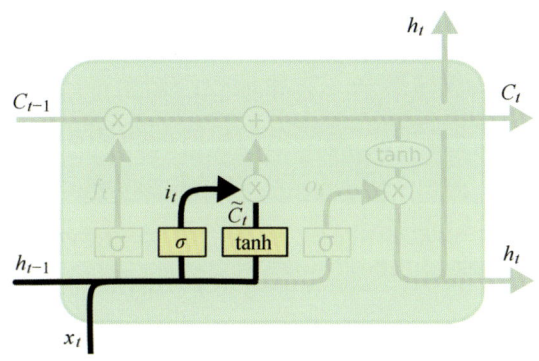

图 3.14　输入门结构

LSTM 结构中的关键部分是相较于 RNN 多了 3 个控制门和 1 个记忆门，使得 LSTM 细胞单元能够选择性删除和记住历史信息、输出有效信息。图 3.15 所示为 t 时刻细胞单元的结构。

输入门表达式如下：

$$\begin{aligned} i_t &= \sigma(W_i \cdot [h_{t-1}, x_t] + b_i) \\ \tilde{C}_t &= \tanh(W_C \cdot [h_{t-1}, x_t] + b_C) \end{aligned} \quad (3.3.3)$$

输入门中第二步是细胞状态的更新，如图 3.15 所示。

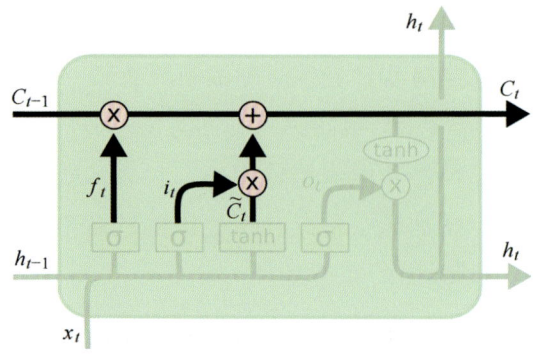

图 3.15　细胞状态更新结构

细胞状态按如下公式进行更新：

$$C_t = f_t^* C_{t-1} + i_t^* \tilde{C}_t \qquad (3.3.4)$$

式（3.3.4）表明，一个新的细胞状态，是由历史细胞状态、遗忘门和输入门三者的结果所共同决定的，先将遗忘门与历史细胞状态相乘，丢弃掉冗余信息，然后加上输入门希望我们保留的新信息。

（3）输出门。

LSTM 的最后一步是输出门，它决定了这一时刻的最终输出。输出门由更新后的细胞状态、上一时刻的输出 h_{t-1} 和这一时刻的输入 x_t 共同决定。输出门结构如图 3.16 所示。

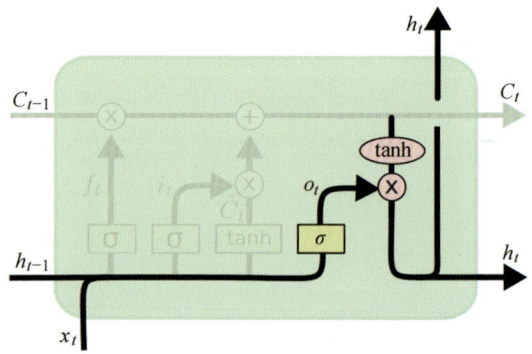

图 3.16　输出门结构

输出门按如下公式计算：

$$o_t = \sigma(W_o \cdot [h_{t-1}, x_t] + b_o)$$
$$h_t = o_t * \tanh(C_t)$$
（3.3.5）

虽然近年来提出了很多 LSTM 的变形结构如 GRU，其结构比 LSTM 有所简化，但是对于大量的数据处理，LSTM 更有优势。

3.3.3 指数平滑法

时间序列分析法是一种根据动态数据揭示系统动态结构和规律的统计方法，是根据系统的有限长度的观察数据，建立能够比较精确地反映序列中所包含的动态依存关系的数学模型，并借以对系统的未来进行预报。时间序列预测方法的基本思想：用一种现象的过去行为来预测该现象的未来变化，即根据时间序列的历史数据，揭示现象随时间变化的规律，并利用这种规律对未来现象进行拟合，从而对该现象的未来做出预测。它是预测方法的一个重要分支。指数平滑算法则是由早期的移动平均法发展而来的，是时间序列法的重要分支。

时间序列分析法按其采用手段的不同可分为指标法、数据图法和模型法三种。指标法，反映所研究系统的动态特征是通过一系列核心指标的计算，如反映节奏性和均衡性的动态平均指标和变异指标，反映变化率的增长速度和发展速度等。数据图法，是在平面坐标系中根据时间序列画出坐标图，从图形中直接观察时间序列的异常点、升降点、周期变化以及总趋势等。这种方法易懂易用，而且简单直观，但获取的信息少且粗略，只有具有丰富的分析经验，才能获得更深层次的信息，最后分析的结果主观性往往较大。模型法，是根据统计理论和数学方法，建立对给定的时间序列的最优统计或适应模型，并依据模型进行控制或预测。本研究主要采用模型法。自然界中时间序列的变化受许多因素的影响。对时间序列起短期的、非决定性的作用的因素使其变化呈现出某种不规则性；对时间序列起长期的、决定性的作用的因素使其变化呈现出某种趋势和一定的规律性。一般，时间序列的变化被分解为四大类，时间序列的各种变化都可以归纳成这四类因素的耦合或叠加。这四类因素如下：

（1）长期趋势变动。时间序列呈现的一般状态是随机起伏，而在较长的一段时间内，现象随时间变化朝着一定方向呈现出持续稳定的递增、递减的转变或变化，这种逐渐转变即时间序列的趋势，它反映了客观事物的主要变化趋势。

（2）循环变动。时间序列通常环绕趋势线按固定或不固定的周期呈现出上、下的波动变化。

（3）季节性变动。时间序列受季节性影响按固定周期呈现出与季节变化相关的稳定的周期波动变化。

（4）随机波动。时间序列分离以上几种变动因素受偶然因素的影响，呈现出不规则波动。这种随机波动是无法预测的，所以人们无法预测它对时间序列的影响。

确定性趋势虽然控制着时间序列变动的基本样式，但时间序列变动模式还有用随机理论来考察的方面。随机理论是许多偶然因素共同作用的随机性波动，有一定的规律性而不是杂乱无章。随机时间序列分析是人们根据随机理论，对随机时间序列进行分析，而随机时间序列分析方法就是其相应的分析方法。

从系统上看，影响时间序列总变动的各个因素是在相互影响中共同发生作用，而不是独立地发生作用。时间序列的总变动不等于分别测定的各种因素的变动的简单综合，而是应该从整体上来考察其动态结构和变动规律性，并将时间序列看作某一系统的动态行为的客观记录。

为进一步学习和研究，对时间序列分析法进行了充分的了解，归纳出时间序列分析的主要方法包括确定性时序分析和随机时序分析。其中，确定性时序分析中包括发展水平分析、趋势变动分析、周期波动分析和长期趋势加周期波动分析；随机时序分析包括一元时序分析、多元时序分析、可控时序分析、不可控时序分析、马尔科夫分析和贝叶斯分析。

传统的统计学中，时间序列预测主要分为回归预测法和平滑预测法。回归预测法，是正确判断变量之间的相互关系，将选择预测目标的主要影响因素作为预测法的自变量。时间序列平滑预测法，是将预测目标的历史数据以时间顺序排列成序列，然后分析它随着时间的动态结构和变动规律性，以此预测未来值。人们所研究的经济现象的复杂性使得实际上有时难以找到预测目标的主要影响因素，或者即使找到了也存在主要因素缺乏必需的统计资料的可能。这时，就不能使用回归预测法了，但可以使用时间序列平滑预测法。

时间序列平滑预测法分为随机性时间序列预测法和确定性时间序列预测法两大类。随机性时间序列预测法需要较多的历史数据和较深的数学知识，计算量大，方法复杂。确定性时间序列预测法常用的方法有移动平均法、加权移动平均法、指数平滑法、差分指数平滑法、多项式模型预测法、成长曲线预测法等。

指数平滑预测法是确定性的平滑预测法。其实质是：根据参数对数据赋予不同的权重，进而获得更合适的拟合曲线和预测结果。指数平滑是将较早的数据赋予相对较低的权重，最近的观察数据赋予较高的权重，以一个常数的比率使权重几何递减，进行分析和预测未来时对最新的观察值能起更大的作用。根据参数个数设置的不同，指数平滑法分为单指数平滑法、双指数平滑法和三指数平滑法，其中具有平稳特性的时间序列数据适用单指数平滑法；具有趋势特性的时间序列数据适用双指数平滑法；具有趋势和季节特性的时间序列数据适用三指数平滑法。在这三种指数平滑预测法中，预测结果的准确度与预测曲线拟合程度的好坏有关，而设定的参数值与预测曲线的拟合程度有直接的关系。所以，参数的好坏非常重要。

预测指数平滑参数研究中大多数依靠经验或试验的方法确定参数，这样很难得到较好的参数设置，也难以得到较好的预测结果。得出的预测值与实际数据之间有时会存在偏差，为提高算法的精确度，必须为指数平滑算法寻找合适的参数选择算法。第四章用遗传算法对指数平滑法的参数进行优化，它是适合对指数平滑参数进行优化的算法，使得实际值与预测拟合值之间的预测模型精度评价指标误差最小，使拟合曲线与实际曲线之间达到更优拟合，得到更优的预测值。

1）几种指数平滑模型的比较

指数平滑预测法是所有预测方法中用得最多的一种。指数平滑法并没有舍弃过去的数据，仅给予逐渐减弱的影响程度，兼容了全期平均和移动平均的优点，即随着数据的远离，赋予逐渐收敛为零的权数。指数平滑法用于中短期经济发展趋势预测，是生产预测中常用的一种方法。当前指数平滑法是一种产生平滑时间序列的比较流行的方法，可以拟合发展趋势的曲线，还可以预测未来。指数平滑法作为一种时间序列分析预测法，是在移动平均法的基础上发展起来的，计算指数平滑值并通过配合一定的时间序列预测模型对现象的未来进行预测。指数平滑平均值介于往期数据的最大值与最小值之间，利用指数平滑进行数据信息的处理，可以抵御或减弱异常数据的影响，能显著体现出往期统计数据所包含的规律性的信息，从而使预测模型排除异常干扰，可以更精确地模拟预测对象历史的规律，进而准确地预测对象的未来值。

2）单指数平滑模型

单指数平滑法具有一个平滑参数 a，具有平稳特性的时间序列数据适用单指数平滑法进行拟合和预测。单指数平滑法根据平滑次数不同可分为一次指数平滑法、二次指数平滑法和三次指数平滑法等。这三种指数平滑的基本原理相同：对不同的值赋予不同的权重，且对较早的数据赋予相对较低的权重，对最近的观察数据赋予较高的权重，由历史数据的加权和得出预测值。其中，数据的平稳特性指数据波动变化不大。下面介绍单指数平滑法的初始化方法、平滑公式和预测模型。

（1）初始化。

通常有两种方法初始化单指数平滑法的初始值 S_2：一种是令 $S_2 = Y_1$；另一种是取前几个实际数据的平均值，即 $S_2 = (Y_1 + Y_2 + Y_3)/3$。

（2）一次指数平滑模型。

一次指数平滑公式为

$$S_t = ay_{t-1} + (1-a)S_{t-1}, \quad 0 < a \leqslant 1, \quad t \geqslant 3 \qquad (3.3.6)$$

式中：S_t 代表第 t 期的平滑值；a 为平滑参数；y_{t-1} 代表 $t-1$ 期实际值。

t 序列时刻一次指数平滑公式为

$$S_{t+1} = ay_t + (1-a)S_t, \quad 0 < a \leqslant 1, \quad t \geqslant 3 \tag{3.3.7}$$

$t+i$ 序列时刻一次指数平滑公式为

$$S_{t+i} = ay_{t+i-1} + (1-a)S_{t+i-1}, \quad 0 < a \leqslant 1, \quad t \geqslant 3 \tag{3.3.8}$$

使用基本的平滑公式代替 S_{t-1}，对平滑公式进行扩展：

$$\begin{aligned} S_t &= ay_{t-1} + (1-a)[ay_{t-2} + (1-a)S_{t-2}] \\ &= ay_{t-1} + a(1-a)y_{t-2} + (1-a)^2 S_{t-2} \end{aligned} \tag{3.3.9}$$

然后，依次递归替代 S_{t-2}, S_{t-3} 直到 S_2，可以得到

$$S_t = a \sum_{i=1}^{3} (1-a)^{t-1} y_{t-1} + (1-a)^{t-2} S_2, \quad t \geqslant 2 \tag{3.3.10}$$

比如当 $t=5$ 时，有

$$S_5 = a[(1-a)^0 y_{5-1} + (1-a)^1 y_{5-2} + (1-a)^2 y_{5-3}] + (1-a)^3 S_2$$
$$\tag{3.3.11}$$

权重 $a(1-a)^{t-1}$ 呈几何递减趋势，较早数据的权重越小，在预测过程中的影响也较小。

（3）二次指数平滑模型。

一次指数平滑预测公式对没有趋势的稳定序列是可行的，因为其对一步预测或多步预测都使用同一公式。一次指数平滑模型在对波动明显的数据进行预测时有一定的局限性，而二次指数平滑法可以弥补一次指数平滑模型的不足，但它服务于计算具有线性趋势的线性预测方程的系数而非直接用于序列预测的方法。

二次指数平滑法是对时间序列数据一次指数平滑后再作一次指数平滑，其平滑公式为

$$\begin{aligned} S_t^2 &= aS_t^1 + (1-a)S_{t-1}^2 \\ S_t^1 &= ay_{t-1} + (1-a)y_{t-1} = y_t \end{aligned} \tag{3.3.12}$$

式中：a 为平滑常数；S_t^2 是二次指数平滑值。

二次指数平滑模型中初始值 S_0^2 的取法与一次指数平滑相似，但初始值随着时间推移对平滑值影响越来越小。

线性预测方程如下：

$$y_{t+\tau} = a_t + b_t \tau \quad (3.3.13)$$

式中：τ 称为预测时效。由指数平滑方法的基本定理有

$$a_t = 2S_t^1 - S_t^2, \quad b_t = \frac{a}{1-a}[S_t^1 - S_t^2] \quad (3.3.14)$$

由此得出预测公式：

$$y_{t+\tau} = a_t + b_t \tau = \left(2 + \frac{a\tau}{1-a}\right)S_t^1 - \left(1 + \frac{a\tau}{1-a}\right)S_t^2 \quad (3.3.15)$$

考虑之前各期预测值偏差，推导得出

$$y_{t+\tau} = a_t + b_t \tau = \left(2 + \frac{a\tau}{1-a}\right)S_t^1 - \left(1 + \frac{a\tau}{1-a}\right)S_t^2 \quad (3.3.16)$$

（4）三次指数平滑模型。

一般情况下，二次指数平滑法不适用于观察值分布出现曲率时，这时需要使用三次指数平滑模型。三次指数平滑法是对二次指数平滑再进行一次指数平滑，其平滑公式为

$$S_t^3 = aS_t^2 + (1-a)S_{t-1}^3 \quad (3.3.17)$$

三次指数平滑非线性模型预测公式为

$$y_{t+\tau} = a_t + b_t + c_t \tau^2 \quad (3.3.18)$$

在历史数据出现曲率时，三次指数平滑模型预测值较二次指数平滑模型更加准确，有

$$\begin{aligned} &a_t = 2S_t^1 - S_t^2, \quad b_t = \frac{a}{1-a}(S_t^1 - S_t^2), \quad 0 < a \leq 1, \quad t \geq 3 \\ &S_{t+m} = a_t + b_t m \end{aligned} \quad (3.3.19)$$

式中：S_t^1 为一次指数平滑值；S_t^2 为二次指数平滑值。

3）双指数平滑模型

对具有趋势的时间序列进行拟合和预测不适合单指数平滑法，对具有趋势的时间序列，需要引入新的参数，采用双指数平滑法，双指数平滑法具有 α 和 γ 两个参数。接下来介绍双指数平滑法的初始化方法、平滑公式和预测模型。

（1）初始化。

S_1 是双指数平滑的起始平滑点，它的值等于第一个实际值。双指数平滑的初始化有三种方法，公式如下：

$$\begin{aligned} b_1 &= y_2 - y_1 \\ b_1 &= [(y_2 - y_1) + (y_3 - y_2) + (y_4 - y_3)] / 3 \\ b_1 &= (y_n - y_1) / (n - 1) \end{aligned} \quad (3.3.20)$$

（2）平滑公式。

实际值用 y_t 表示，平滑值用 S_t 表示，对于序列中任意时刻点 t，平滑值 S_t 的计算公式为

$$\begin{aligned} S_t &= a y_t + (1-a)(S_{t-1} + b_{t-1}), \quad 0 < a \leq 1 \\ b_t &= \gamma (S_t - S_{t-1}) + (1-\gamma) b_{t-1}, \quad 0 < \gamma \leq 1 \end{aligned} \quad (3.3.21)$$

式中：b_t 表示趋势因子。

加入趋势因子是为了调整平滑值 S_t 的合理性，消除滞后。

（3）预测模型。

$t+1$ 序列时刻，双指数平滑的预测模型为

$$S_{t+1} = S_t + b_t \quad (3.3.22)$$

$t+m$ 序列时刻，双指数平滑的预测模型为

$$S_{t+m} = S_t + m b_t \quad (3.3.23)$$

式中：m 表示预测点。

4）三指数平滑模型

双指数平滑法不适合有季节周期特性的时间序列数据，对具有季节周期特性的时间序列，需要引入新的参数，可以采用三指数平滑法对时

间序列进行拟合和预测,它有 3 个参数 β、α 和 γ。下面介绍三指数平滑法的初始化方法、平滑公式和预测模型。

(1)初始化。

趋势因子 m 的初始化公式如下:

$$b = \frac{1}{L}\left[\frac{y_{l+1} - y_l}{L}\right] + \left[\frac{y_{l+2} - y_2}{L}\right] + \cdots + \left[\frac{y_{l+L} - y_L}{L}\right] \qquad (3.3.24)$$

式中:L 表示一个完整周期中历史数据的个数。

关于季节指数 I 的初始化过程,首先计算每年的年平均值,即

$$A_p = \frac{\sum_{i=1}^{4} y_i}{4}, \quad p = 1, 2, \cdots, 6 \qquad (3.3.25)$$

在上一步完成后,接下来将每年数据值除以相应的年平均值,最后计算季节指数平均值。

(2)平滑公式。

三指数平滑公式都由平滑模型的三部分组成,分为平稳的整体平滑公式、趋势的平滑公式和季节的平滑公式,且都含有一个有关的参数。这里采用的是 Holt-Winters 模型,平滑公式为

$$\begin{cases} S_t = a\dfrac{y_i}{I_{t-L}} + (1-a)(S_{t-1} + b_{t-1}) \\ b_t = \gamma(S_t - S_{t-1}) + (I - \gamma)b_{t-1}, \quad 0 < \gamma \leqslant 1 \\ I_t = \beta\dfrac{y_t}{S_t} + (1-\beta)I_{t-L} \end{cases} \qquad (3.3.26)$$

式中:L 表示一个完整周期历史数据值的个数;I 代表季节指数;Y 表示实际数据值;S_t 是每期的计算得出平滑值;b 是趋势因子。

这是典型的三指数平滑公式。对于非线性的、有趋势的时间序列,可采用 Holt 双指数平滑法;如果存在季节性因素,则使用平滑公式可以减小误差,得到更加精确的预测值。

(3)预测模型。

$t+m$ 序列时刻,三指数平滑的预测模型为

$$S_{t+m} = (S_t + mb_t)I_{t-L+m} \qquad (3.3.27)$$

3.3.4 算法分析

指数平滑法是具有时间特性的数据预测中常用的一种方法。它通过引入一个加权系数,对不同的历史数据赋予不同的平滑因子,从而对历史数据求加权和,进而达到预测未来时刻值的目的。目前,很多学者将深度学习算法用于预测预警研究,结果显示基于深度学习的预测算法在各项评估指标中均优于常规指数平滑预测方法,在预测方面具有更高的准确性。

目前在深度学习算法中,由于循环神经网络(Recursive Neural Network,RNN)要求输入是时间上相关,RNN 作为一种按照时间顺序对输入进行递归处理的神经网络,比较适于处理时间序列数据。但 RNN 中存在梯度消失或梯度爆炸问题,为了解决这个问题,学术界提出了长短期记忆(Long Short-Term Memory,LSTM)神经网络。LSTM 在传统 RNN 网络中加入遗忘门等记忆单元,使得 RNN 中存在的梯度消失或爆炸问题得以减缓。详细算法优缺点详见表 3.3。因此本研究选择 LSTM 进行监测数据的预测,与此同时采用了 RNN 进行比较。

表 3.3 算法对比分析表

算法	优缺点
LSTM	深度学习算法,按照时间顺序对输入进行递归处理的神经网络,比较适于处理时间序列数据
RNN	深度学习算法,按照时间顺序对输入进行递归处理的神经网络,比较适于处理时间序列数据,但其存在的梯度消失或梯度爆炸问题
指数平滑法	具有时间特性数据预测的常规简单算法,它通过引入一个加权系数,对不同的历史数据赋予不同的平滑因子,从而对历史数据求加权和,进而达到预测未来时刻值的目的;其预测理论过于简单,准确性较低

3.4 监测数据单指标算法

对于获取到的单一指标监测数据得到反馈，进行地质灾害预警，项目需要采用切线角算法。

等速形变阶段：

将 $S\text{-}t$ 曲线的纵坐标变换为与横坐标相同的时间量纲，即

$$T(i) = \frac{\Delta S(i)}{v} \tag{3.4.1}$$

得到改进的切线角：

$$\alpha_i = \arctan \frac{T(i) - T(i-1)}{t_i - t_{i-1}} = \frac{\Delta_T}{\Delta t} \tag{3.4.2}$$

式中：α_i 为改进的切线角；t_i 为某一监测时刻；Δt 为与计算 ΔS 时对应的单位时间段（一般采用一个监督周期，如 1 天、1 周等）；ΔT 为单位时间段内 $T(i)$ 的变化量。图 3.17 所示的是经过坐标变换后的滑坡 $T\text{-}t$ 曲线。

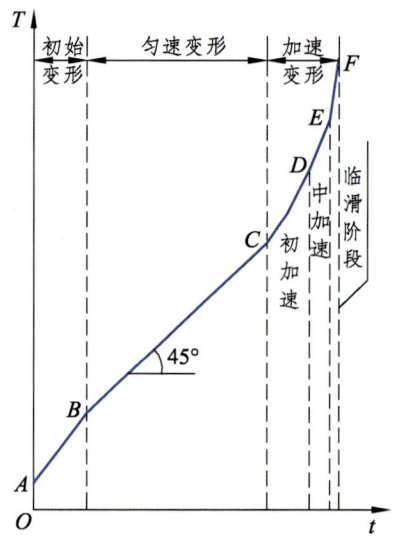

图 3.17 经坐标变换后的滑坡 $T\text{-}t$ 曲线

显然，根据上述定义有

当 $\alpha_i <45°$ 时，斜坡处于初始形变阶段；

当 $\alpha_i =45°$ 时，斜坡处于等速形变阶段；

当 $\alpha_i >45°$ 时，斜坡处于加速形变阶段。

等速形变阶段的速度为

$$v=\frac{1}{m}\sum_{i=1}^{m}v_i \qquad (3.4.3)$$

式中：v_i 为等速形变阶段内各不同时间段（一般取一个监测周期）的变形速率；m 为监测次数。

3.5 报警阈值动态调整

对于地质灾害预警系统，报警阈值的合理设置直接影响报警系统的运行效率。由于过渡阶段与稳定阶段不同，如果将过渡阶段和稳定阶段一起处理，会降低报警的准确性，易产生误报警和漏报警。在设定值切换过程或过渡过程中，如果报警阈值不进行相应改变，会发生大量的误报率；而较为宽松的报警阈值也会造成对过程的扰动不敏感，由此出现漏报警。传统的报警阈值只是针对单个模式而设定，当变量从一个稳定状态到另一个稳定状态时，会产生误报警和漏报警，为了解决该问题，本书提出了一种报警阈值自适应预测方法。首先，通过历史数据得到各个阶段的带宽系数和贝叶斯估计的样本信息。其次，为了更新模型参数，在过渡过程采用基于蒙特卡罗方法的贝叶斯参数估计方法，利用后验分布函数的均值和方差，并在稳定过程采用递推迭代公式更新均值和方差。针对整个过程得到自适应的报警阈值，以此减小产生误报警和漏报警的数量。

采用滑动窗口算法训练历史数据，得到带宽系数和过渡过程的先验信息。由于过渡过程是一个动态变化过程，基于贝叶斯估计理论，结合历史数据和新数据来推测下一时刻的数据得到报警阈值；在稳态过程中，采用改进的递推公式实时估计的均值、方差得到报警阈值，建立阈值监测与运行瞬态的映射关系，使报警阈值能够根据历史数据自动调整。

Y 为测量值，假设数学均值 $E(y)=\mu$，方差 $D(y)=\sigma^2$，根据切比雪夫不等式，对于任意 y，可得

$$P(|y-\mu|\geqslant\varepsilon)\leqslant\sigma^2/\varepsilon^2 \tag{3.5.1}$$

令 $\varepsilon=n\sigma$，则式（3.5.1）可以变换为

$$P(|y-\mu|\geqslant n\sigma)\leqslant 1/n^2 \tag{3.5.2}$$

由此可以得到，参数 y 的报警阈值的正常区间为

$$[\mu-n\sigma,\ \mu+n\sigma] \tag{3.5.3}$$

测量数据的均值为

$$m_N=\frac{1}{N}\sum_{i=1}^{N}y_i \tag{3.5.4}$$

式中：y_i 为实际测量数据；m 为测量数据的均值。对于 N 时刻方差估计 S，其计算公式为

$$S=\sqrt{\frac{1}{N-1}\sum_{i=1}^{N}(y_i-m_N)^2} \tag{3.5.5}$$

以 m,S 分别代替 μ,σ，可得

$$[m-nS, m+nS] \tag{3.5.6}$$

式（3.5.6）中确定的空间范围对于任意的随机变量都是成立的，且为最大的正常区间。报警自适应阈值根据式（3.5.3）中的检测区间的均值 μ、方差 σ 和带宽系数 n 的变化而改变。对于带宽系数 n 难以实现自适应计算，一般利用离线数据进行训练，在线监控过程中取定值。对于均值 μ、方差 σ，可用在线计算实时数据来代替。

3.5.1 带宽系数的训练

正常情况下,根据切比雪夫不等式,对于任意 $\varepsilon>0$,可得

$$P(|y-m|\geqslant \varepsilon)\leqslant \text{RFAR}$$
$$\Pr(y>m+\varepsilon)\leqslant \text{RFAR} \quad (3.5.7)$$

令 $\varepsilon=nS$,有

$$\Pr(y>m+nS)\leqslant \text{RFAR}$$
$$n=\frac{1}{\sqrt{\text{RFAR}}} \quad (3.5.8)$$

同理,在非正常情况下有

$$\Pr(y>m+nS)\leqslant \text{RFAR}$$
$$n=\frac{1}{\sqrt{\text{RFAR}}} \quad (3.5.9)$$

RFAR、RMAR 为误报警率(False Alarm Rate,FAR)和漏报警率(Missing Alarm Rate,MAR)的最大上限值,m 和 S 分别为实时数据估计的均值和方差。初始系数在训练过程中不断进行调整,采用最速下降法对系数 n 进行修正,有

$$n_{N+1}=n_N+\eta e_N \quad (3.5.10)$$

其中,e_N 为 N 时刻的修正量;η 为调整系数,$0<\eta<1/y_N$,且有

$$e_{N+1}=y_N-y_N^{\text{up}}, y_N>y_N^{\varphi}$$
$$e_{N+1}=-e_N, y_N^{\text{or}}<y_N<y_N^{\text{up}} \quad (3.5.11)$$
$$e_{N+1}=y_N^{\text{low}}-y_N, y_N<y_N^{\text{lar}}$$

式中:y_N^{up} 为阈值的上限;y_N^{low} 为阈值的下限。

3.5.2 过渡过程自适应阈值计算

为了更好地对过程变量进行动态报警阈值设计,采用滑动窗口算法对连续数据进行分割,在建立的回归模型基础上,用新的数据扩大现有

的数据段建立新的回归模型。若该模型的拟合误差大于预先设定的分割点误差，将新的数据归入新的数据段，用新的模型进行分析；若上述分割点误差小于设定误差值，则继续分析下一个数据。

对过渡过程$[t_1,t_n]$的时间序列，基于数据拟合建立测量变量回归模型：

$$y_i = a + bt_i \tag{3.5.12}$$

因此，把对变量的估计转化为对斜率b和截断误差a的估计。考虑到测量变量受到噪声的影响，假设每个测量变量的噪声服从独立同分布，得到测量变量的模型为

$$y_i = a + bt_i + \varepsilon \tag{3.5.13}$$

其中，ε是随机误差，服从均值为0、方差为δ^2的正态分布，记为$\varepsilon \sim N(0,\delta^2)$。可以把报警阈值的概率模型描述为服从均值为$a+bt_i$、方差为$\delta^2$的正态分布，记为$y_i \sim N(a+bt_i,\delta^2)$。

为了更好地利用历史数据估计参数，提出了基于贝叶斯的线性方程估计对参数a和b进行预测。考虑到t_{n+1}时刻的数据，能够预测y_{n+1}的分布函数。

采用最小二乘估计方法，估计参数b,a，记估计值为

$$\hat{y} = \hat{a} + \hat{b}t$$

式中

$$\begin{aligned}
\hat{b} &= \frac{\sum_{i=1}^{n}(t_i-\bar{t})(y_i-\bar{y})}{\sum_{i=1}^{a}(t_i-\bar{t})^2} \\
\hat{a} &= \bar{y} - \hat{b}t \\
\bar{t} &= \frac{1}{n}\sum_{i=1}^{n}t_i \\
\bar{y} &= \frac{1}{n}\sum_{i=1}^{n}y_i
\end{aligned} \tag{3.5.14}$$

分析可知，$\hat{b},\hat{a}$是b,a的无偏估计，且$\hat{b},\hat{a}$服从正态分布：

$$\hat{b} \sim N\left(b, \frac{\delta^2}{\sum_{i=1}^{n}(t_j - \overline{t})^2}\right)$$

$$\hat{a} \sim N\left(a, \frac{\sum_{i=1}^{n} t_j^2 \delta^2}{n\sum_{i=1}^{n}(t_i - \overline{t})^2}\right)$$

$$S_u = \sum_{i=1}^{n}(t_i - \overline{t})^2 = \sum_{i=1}^{n} t_i^2 - \frac{1}{n}(\sum_{i=1}^{n} t_i)^2 \quad (3.5.15)$$

$$S_y = \sum_{i=1}^{n}(y_i - \overline{y})^2 = \sum_{i=1}^{n} y_i^2 - \frac{1}{n}(\sum_{i=1}^{n} y_i)^2$$

$$\hat{b} = \frac{S_y}{S_u}$$

$$\hat{a} = \overline{y} - \frac{S_\eta}{S_u} \cdot \overline{t}$$

根据贝叶斯估计理论，计算参数 a 和 b 的后验概率分布函数：

$$\begin{aligned} g(a,b|t,y) &\propto f(t,y|a,b) \times g(a,b) \\ &\propto [f(t,y|b) \times g(b)] \times [f(t,y|a) \times g(a)] \\ &\propto g(b|t,y) \times g(a|t,y) \end{aligned} \quad (3.5.16)$$

假设参数 b 和 a 的先验概率分布函数如下：

$$\begin{cases} b \sim N(m_b, s_b^2) \\ a \sim N(m_a, s_a^2) \end{cases} \quad (3.5.17)$$

参数 b 和 a 的后验概率分布函数为

$$\begin{cases} b \sim N(m_b', s_b'^2) \\ a \sim N(m_a', s_a'^2) \end{cases} \quad (3.5.18)$$

由贝叶斯估计，可得参数 b 的均值和方差：

$$s_b'^2 = \frac{\delta^2 s_b^2}{s_b^2 S_{tt} + \delta^2}$$
$$m_b' = \frac{s_b'^2}{s_b^2} m_b + \frac{S_y}{\delta^2} s_b'^2 \qquad (3.5.19)$$

同理，可得参数 a 的均值和方差：

$$s_a'^2 = \frac{\delta^2 s_a^2}{n s_a^2 + \delta^2}$$
$$m_a' = \frac{s_a'^2}{s_a^2} m_a + \frac{n}{\delta^2} s_a'^2 \left(\bar{y} - \frac{S_{by}}{S_a} \cdot \bar{X} \right) \qquad (3.5.20)$$

根据后验分布函数的推导，可得预测值的均值和方差：

$$m_y = m_a' + m_b'(t_{l+1} - \bar{t})$$
$$s_y^2 = s_a'^2 + s_b'^2(t_{i+1} - \bar{t}) + \delta^2 \qquad (3.5.21)$$

由此，可得残差平方和公式：

$$Q_e = \sum_{i=1}^{n} \{ y_i - [m_a' + s_a'^2(t_i - \bar{t})] \}^2 \qquad (3.5.22)$$

如果 Q_e 大于最大容许误差 β，拟合的数据 (t_1, t_n) 不符合要求，需要重新进行分段线性化处理；如果 Q_e 小于最大容许误差 β，可立刻得到动态报警阈值。动态报警阈值 $\hat{y}_0$ 的预测置信区间为 $[m_y - n^* s_y^2, m_y + n^* s_y^2]$。

3.5.3 稳态过程自适应阈值计算

对于稳态过程，如果按照均值和方差计算公式，随着数据量的增大，计算量将加大。为了满足实时对均值和方差的估计要求，采用迭代递推公式：

$$m_{y(N+1)} = m_{y(N)} + \frac{1}{N}(x_{N+1} - m_{y(N)}) \qquad (3.5.23)$$

对于 $N+1$ 时刻的均值估计，只需要计算 N 时刻的均值和 $N+1$ 时刻的数据，这样大大减小了计算量。

方差的迭代递推公式为

$$(S_y^{N+1})^2 = \frac{N-1}{N}(S_y^N)^2 + \frac{1}{N+1}(x_{N+1}-m_N)^2 \quad (3.5.24)$$

由此可知，$N+1$ 时刻的方差可由 N 时刻的方差、均值以及 $N+1$ 时刻的数据求得，可以推导出 $N+1$ 时刻的阈值范围：

$$[m_y^{N+1} - nS_y^{N+1}, m_y^{N+1} + nS_y^{N+1}]$$

3.5.4　方差敏感自适应阈值

为了提高报警系统的性能，建立的动态阈值应该同时重视均值和方差的变化，使得到的阈值具有更好的适用性。因此，对于方差大于均值的情况 $s_y^2 \geq m_y$，为了合理化选取阈值，应该取 $s_y^2 = m_y$，得到自适应阈值：

$$\begin{aligned} T_{\text{adp}} &= m_y \pm n^* s_y^2, s_y^2 \leq m_y \\ T_{\text{adp}} &= m_y \pm (1+n), s_y^2 > m_y \end{aligned} \quad (3.5.25)$$

$m_y \pm n^* s_y^2$ 能够消除过渡过程的误报警；$m_y \pm (1+n)$ 能够减小方差的影响，减小故障信号造成的漏报警。

3.6　本章小结

本章首先详细介绍了异常值过滤、缺失值填补、数据预测、单指标预警算法和报警阈值动态调整的相关算法原理，然后对异常值过滤、缺失值填补、数据预测的不同算法进行了分析，最后得出了本研究所要采用的算法，为后续的仿真实验提供了理论依据。

第 4 章 基于实时监测数据的自学习自修正预警预报阈值分析方法应用

本章以第三章介绍的算法原理为基础，对具体算法进行实验设计与实现，从而得出功能效果图。本系统进行仿真实验时，尽可能全面地包含监测数据变化特征及数据特点，进行数据仿真训练时综合考虑选择数据库中特征比较充分的 3 个月的数据，然后根据具体的仿真实验算法将数据进行划分，70%数据作为算法模型训练集数据，30%数据作为对算法模型的验证测试集数据。

4.1 3σ 异常值过滤

3σ 原则指假设一组检测数据中只含有随机误差，需要对其进行计算得到标准偏差，按一定概率确定一个区间，对于超过这个区间的误差，就不属于随机误差而是粗大误差，需要将含有该误差的数据进行剔除。

数值分布在($\mu-\sigma$, $\mu+\sigma$)中的概率为 0.682 7，数值分布在($\mu-2\sigma$, $\mu+2\sigma$)中的概率为 0.954 5，数值分布在($\mu-3\sigma$, $\mu+3\sigma$)中的概率为 0.997 3。其中，μ 为平均值，σ 为标准差。一般可以认为，数据 Y 的取值几乎全部集中在($\mu-3\sigma$, $\mu+3\sigma$)区间内，超出这个范围的可能性仅占不到 0.3%，这些超出该范围的数据可以认为是异常值。

监测数据通过数理统计分析，可知服从正态分布，因此适用3σ原则。下面以两种设备数据为例进行说明：

地表位移监测数据正态分布图如图4.1所示。

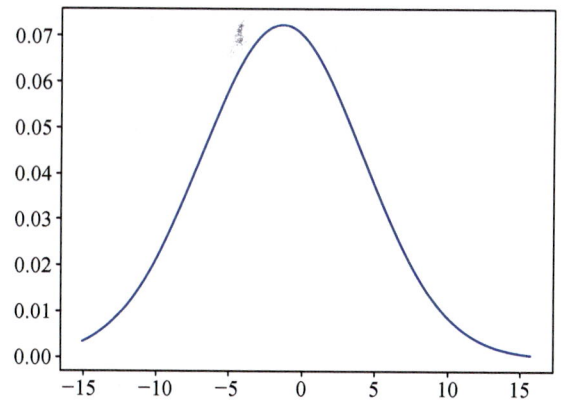

图4.1　地表位移监测正态分布

深部位移监测数据正态分布图如图4.2所示。

因此，针对本书中原始数据存在着众多异常值的问题，先对异常值进行空值处理，将其视为缺失值，然后通过LSSVM方法对所有空缺值进行插值填补。异常值过滤后的系统效果图如图4.3～图4.9所示。

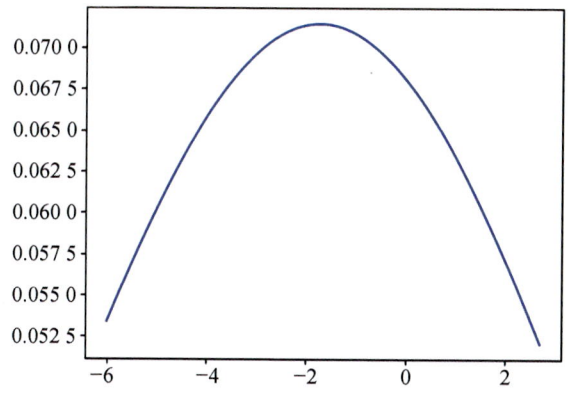

图4.2　深部位移监测正态分布

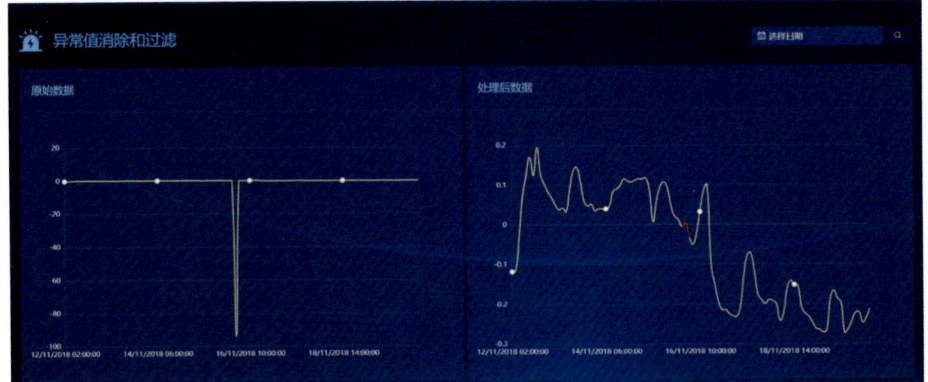

图 4.3　地表位移异常值过滤

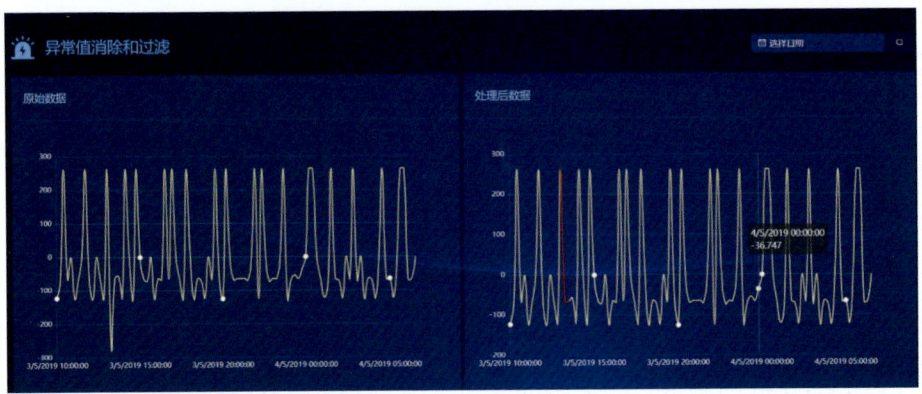

图 4.4　管道应变异常值过滤

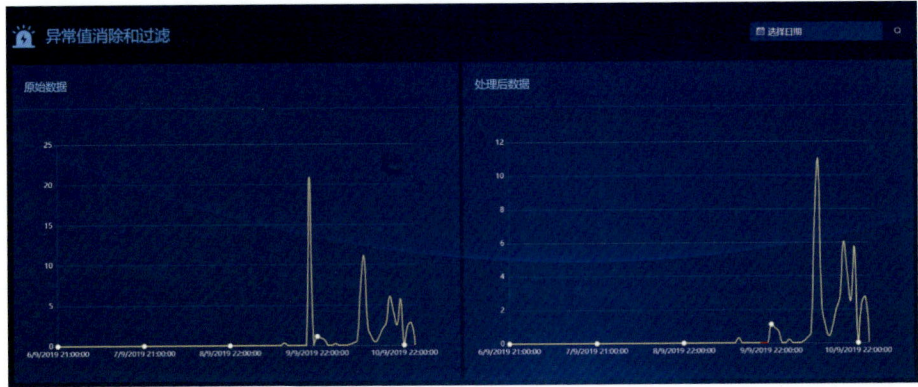

图 4.5　雨量异常值过滤

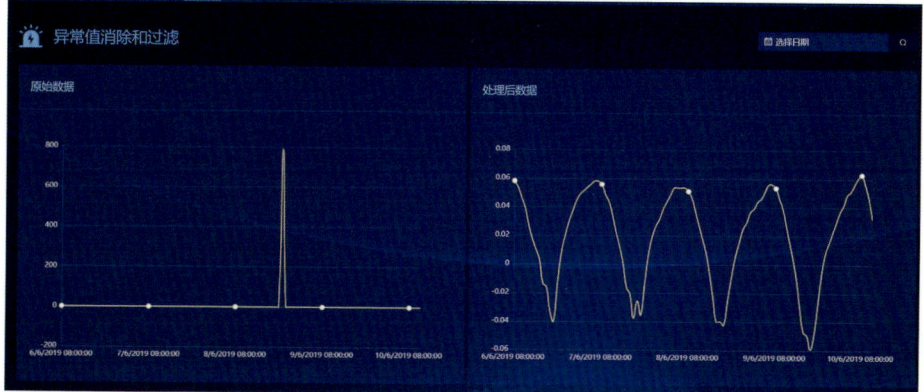

图 4.6　抗滑桩倾斜异常值过滤

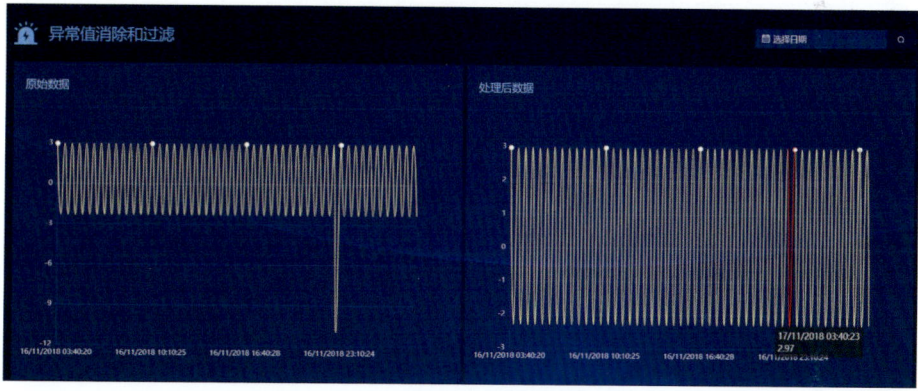

图 4.7　地面倾斜异常值过滤

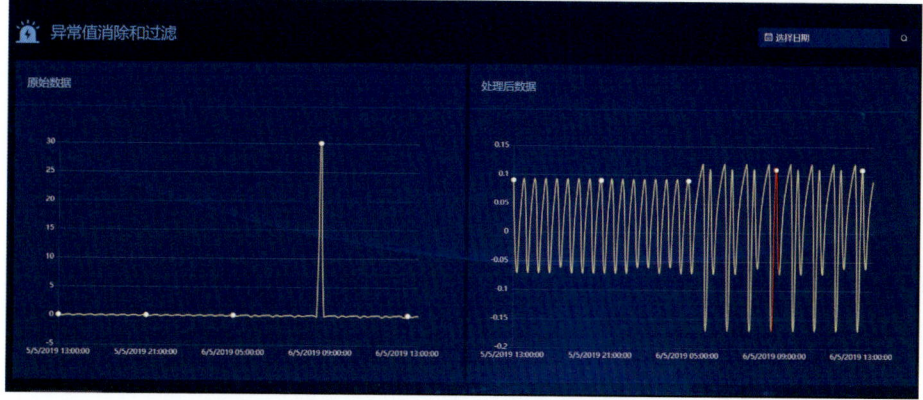

图 4.8　深部位移异常值过滤

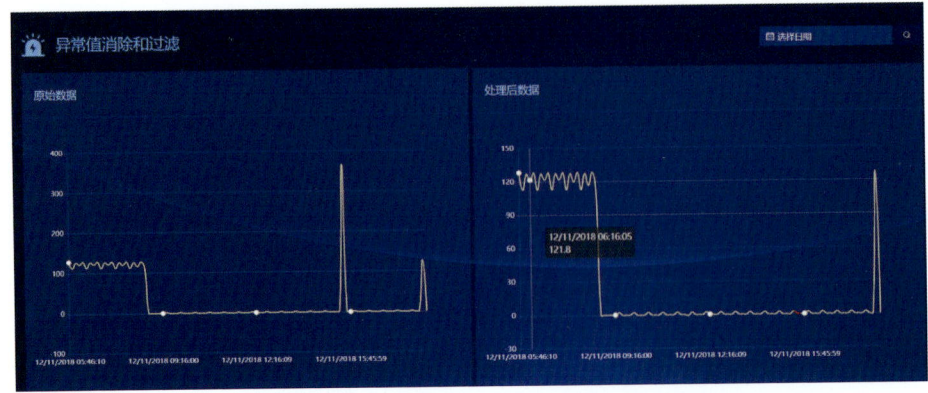

图 4.9　土壤压力异常值过滤

4.2　LSSVM 数据补全

4.2.1　缺失值填补方法设计与实现

在实验所获得的数据集中截取一段不含有缺失数据的 C_i 列片段（$3 \leqslant i \leqslant n$），在其上使用随机函数人为制造缺失值，使缺失数据具有 MCAR 类和 MAR 类特征。将 C_i 中正常监测值数据形成的子集作为训练集样本 S_trian，将挖空的数据形成的子集作为测试集样本 S_test，将训练样本 S_trian 送入 LSSVM 模型进行训练并通过测试集 S_test 完成对填补方法的性能评估。

LSSVM 模型使用 Python 语言编程实现，算法的具体流程如图 4.10 所示。

（1）在 C_i 数据集上随机产生缺失数据。

为了能够验证学习模型的有效性，在 C_i 集上随机挖去原有数据，形成 MCAR 类和 MAR 类特征的缺失数据。

（2）将通过以上步骤处理好的 C_i 划分为 S_train，S_test。监测数据挖空部分形成的数据子集为 S_test，保留部分数据形成的子集为 S_train。

（3）设置参数初始值。

在实验过程中，σ^2, γ 2 个参数的初始值分别设为 10 和 0.1。参数 γ 权衡模型复杂度与误差之间的关系；σ^2 为函数的宽度参数，控制了函数的径向作用范围，对系统的泛化能力有影响。

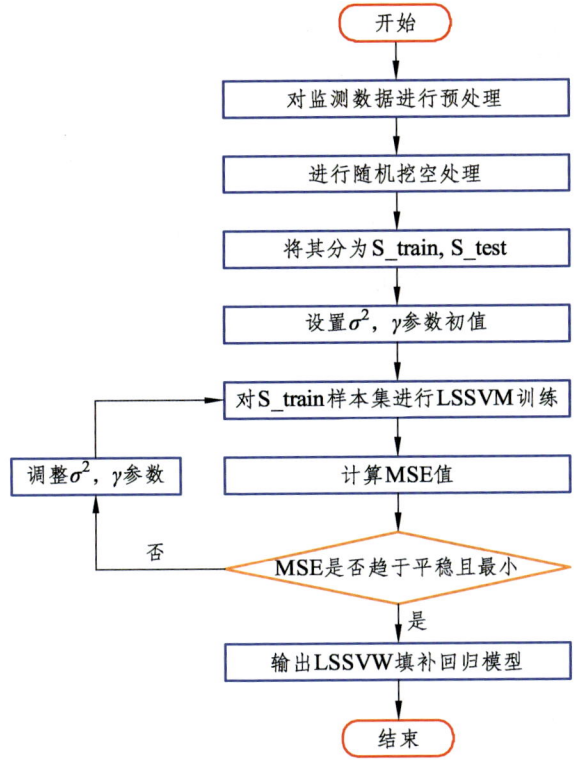

图 4.10 算法具体流程

（4）对 S_train 样本进行 LSSVM 模型训练。

（5）计算 MSE 指标。

平均平方误差（Mean Squared Error，MSE）是解决回归问题常用的参数指标，用来评估模型在训练过程中的可用性。

（6）判断 MSE 是否不变且最小。

如果 MSE 趋于平稳且达到最小，直接到（7）；否则调整 σ^2, γ 参数，执行第（4）步。

（7）输出 LSSVM 插补回归模型。

输出最优参数（σ^2，γ），将最优参数带入 LSSVM 模型，构建缺失数据插补的回归模型。

4.2.2 评价指标

缺失数据的填补可以看作是一个回归问题,为了评估插值结果的好坏,本章采用均方根误差(Root-Mean Square Error,RMSE)和最大绝对误差(Maximum Absolute Error,MAE)2个指标对填补模型的准确度进行评估。其中 RMSE 是回归算法常用的评价指标,该值越小表示填补的数据越准确。然而当极少的填补值相比真实值偏离较大时可能导致 RMSE 指标变化不大,不能很好地评价算法的性能。为了更好地评估算法的性能,引入 MAE 作为另一个评价指标。RMSE 和 MAE 的值越小表示填补的数据越准确,算法性能越好。

1)均方根误差

使用模型的填补值与真实值偏差的平方和与缺失样本数 M 比值的平方根,用来衡量填补值同真实值之间的偏差。其计算公式为

$$\text{RMSE} = \sqrt{\frac{\sum_{i=1}^{M}(y_{\text{real}(i)} - y_{\text{pre}(i)})^2}{M}} \quad (4.2.1)$$

式中:$y_{\text{real}(i)}$,$y_{\text{pre}(i)}$ 分别表示第 i 个样本的真实值和利用插补方法所得的插补值。

2)最大绝对误差

MAE 为在一组实验中,所有缺失数据中实际数据与插补所得数据插值的绝对值的最大值。MAE 定义如下:

$$\text{MAE} = \max(|y_{\text{real}(i)} - y_{\text{pre}(i)}|), i = 1, 2, \cdots, M \quad (4.2.2)$$

式中:max 表示求一组数据的最大值函数。

4.2.3 缺失值插补实验分析

按照 20% 的缺失比率在数据集上随机产生离散缺失数据。在这些数据集上使用 LSSVM 进行缺失值插补实验,插补结果如图 4.11~图 4.18 所示。

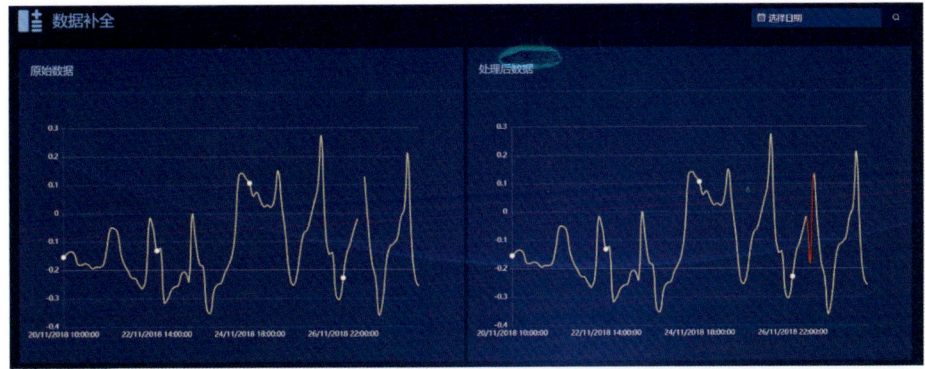

图 4.11　多点位移缺失值填补

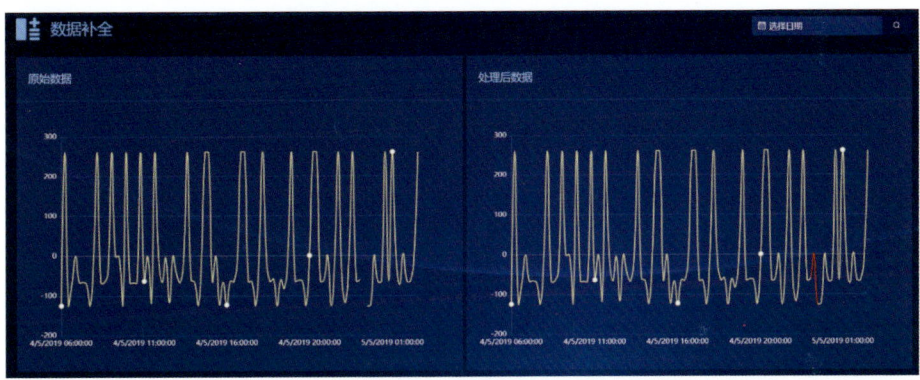

图 4.12　管道应变缺失值填补

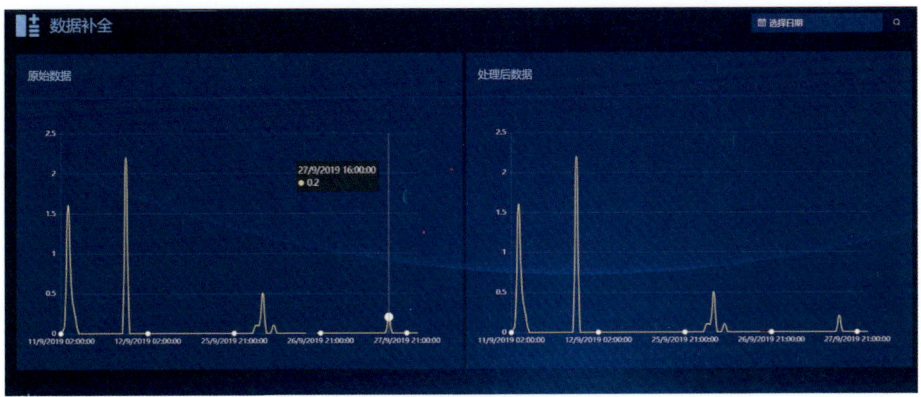

图 4.13　降雨量缺失值填补

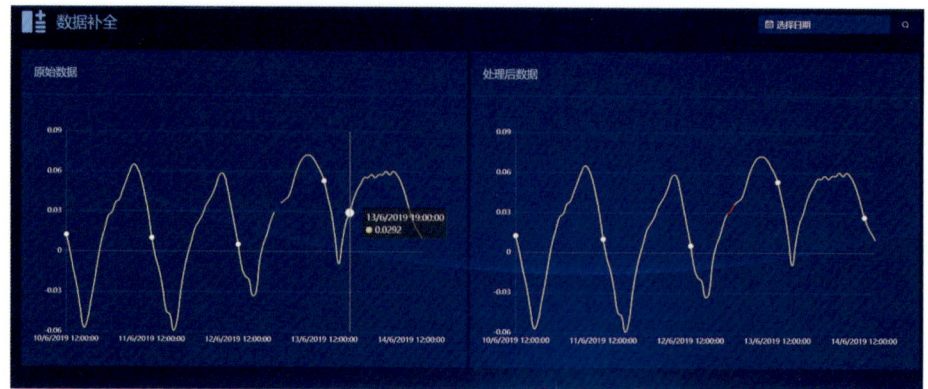

图 4.14 抗滑桩倾斜缺失值填补

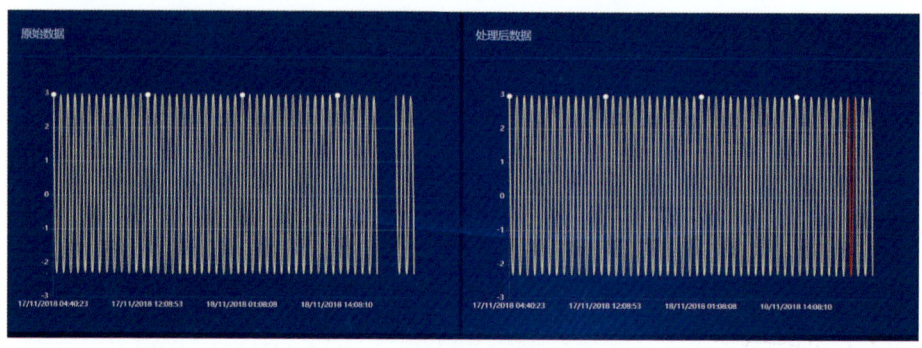

图 4.15 倾斜仪缺失值填补

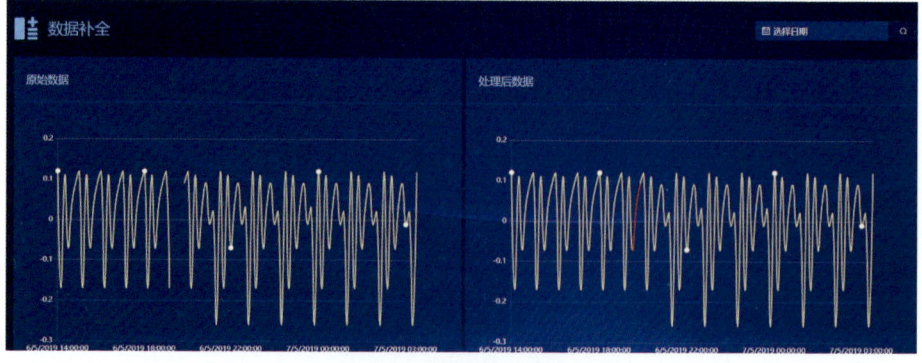

图 4.16 深部位移缺失值填补

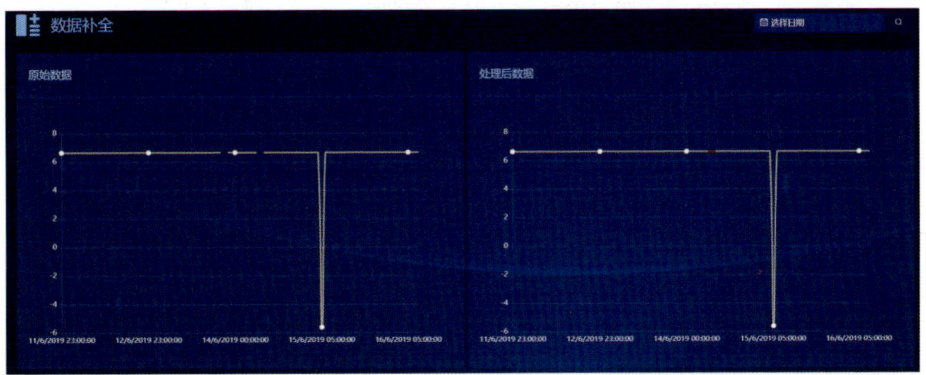

图 4.17　隧道裂缝缺失值填补

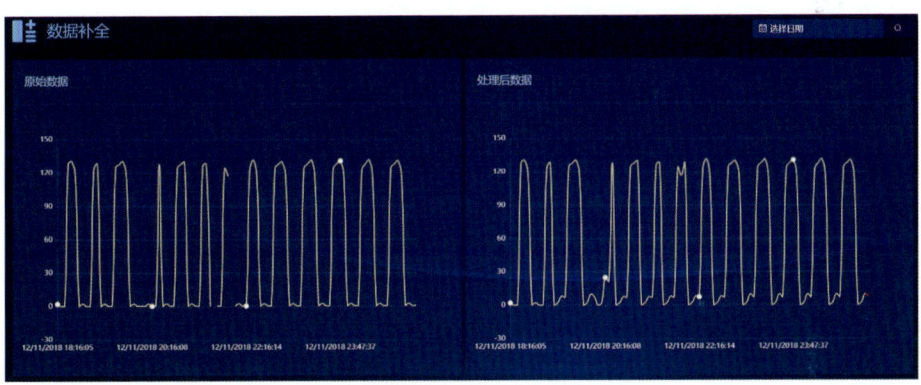

图 4.18　土壤压力缺失值填补

以上各图分别表示不同数据集的缺失值插补拟合。为进一步分析 LSSVM 填补方法的效果，本章也使用了 BP 神经网络对数据进行填补。为方便后续表述，将各种传感器的数据集分别记作多点位移（DDWY）、地面倾斜（DMQX）、管道应变（GDYB）、抗滑桩倾斜（KHZQ）、雨量（RAIN）、深部位移（SBWY）、隧道裂缝（SDLF）和土壤压力（TRYL）。表 4.1 描述了各种数据集使用 LSSVM、BP 神经网络算法的评估指标 RMSE 和 MAE 的值。对表 4.1 数据分析可知，在这些数据集中，LSSVM 算法的 RMSE、MAE 的值略低于 BP 神经网络算法，LSSVM 算法效果更好。其原因可能是 BP 神经网络算法在一些波动性较大的数据集上可能会陷入局部最优，导致填补性能指标差。

表 4.1 不同数据集的缺失值插补拟合

数据集	评价指标	LSSVM	BP 神经网络
DDWY	RMSE	0.003 7	0.004 3
	MAE	0.003 5	0.005 5
DMQX	RMSE	0.001 5	0.006
	MAE	0.001	0.005 6
GDYB	RMSE	0.003 3	0.004 3
	MAE	0.003 7	0.005 1
KHZQ	RMSE	0.003 2	0.005 7
	MAE	0.001 2	0.004 6
RAIN	RMSE	0.004	0.004 1
	MAE	0.003 9	0.005 1
SBWY	RMSE	0.002	0.006 4
	MAE	0.002	0.005 3
SDLF	RMSE	0.001 2	0.004 9
	MAE	0.003	0.004 5
TRYL	RMSE	0.003 5	0.004 5
	MAE	0.002 4	0.005 6

4.3 LSTM 数据预测

4.3.1 样本数据集的构建

将监测数据集按照一定的方式设计成适合 LSTM 网络输入的样本集，然后按照一定比例依时间顺序将样本集分割成训练集和测试集，训练集用于 LSTM 网络模型的训练，测试集用于评估模型的准确性和泛化性。将一个时间序列的数据集用 LSTM 网络进行训练和预测时，需要按照 LSTM 输入特征重新构建样本数据集。使用 LSTM 网络进行时间序列数据的预测，类似于机器学习中的监督学习，样本集包括输入序列和对应的输出序列，为了便于表述，用 X 表示输入序列，用 Y 表示输出序列。LSTM 标准样本集采用向前滚动的方式得到，从序列首部开始，第一次抓取前 $m+1$ 个时序数据 $\{x^1, x^2, \cdots, x^m, x_i^{m+1}\}$，前 m 个时序数据 $\{x^1, x^2, \cdots, x^m\}$ 作为 LSTM 输入序列 X，其中 X 中的每一个元素可以是多属性组成的多维向量，第 $m+1$ 个时序数据 x_i^{m+1} 作为输出序列 Y，Y 为一维向量。然后向前滚动一位，以相同的方式继续构造输入序列 X 和输出序列 Y，直至向前滚动至时序数据的最后一个数据，样本集构造完毕。LSTM 神经网络的训练过程，与经典的 BP 神经网络类似，当使用训练集训练模型完成后，就会确定网络的权重参数，这时将测试集中的输入序列 X 输入到网络中，模型会根据确定好的权重参数输出一个预测的输出值 Y。

4.3.2 LSTM 预测模型的构建

模型输入为监测点的历史监测数据，模型输出为下一次该监测点的监测值。本章设计的 LSTM 监测数据预测模型的结构如图 4.19 所示。

模型的输入为 $x^1, x^2, \cdots, x^m$，表示前 m 个监测点历史时序数据，其中 n 表示输入特征的维度，预测模型利用前 m 个监测点历史时序数据，预测 $m+1$ 时的监测值 y，因此在训练网络模型时将 $m+1$ 时预测点 x_i 的真实值 Y 作为模型的理论输出。整体来看，LSTM 预测框架由 4 个部分组成，分别是输入层（1 层）、隐藏层（2 层）、输出层（1 层）、网络训练及预测。其中，输入层是构造的标准 LSTM 样本集；隐藏层由 LSTM 单元构建，模型采用误差反向传播算法（BP 算法）进行训练，预测结果从输出层得到。

使用 LSTM 网络建立预测模型时，首先需要确定网络的模型参数，模型参数的选择直接决定了预测结果的准确性。模型参数可以分为两类：一类是网络内部权重等学习参数，这类参数在模型训练过程中自动学习和调整；另一类是需要人工选择的参数，比如训练时迭代次数、损失函数、神经元失活比例、学习率等，也称为超参数。

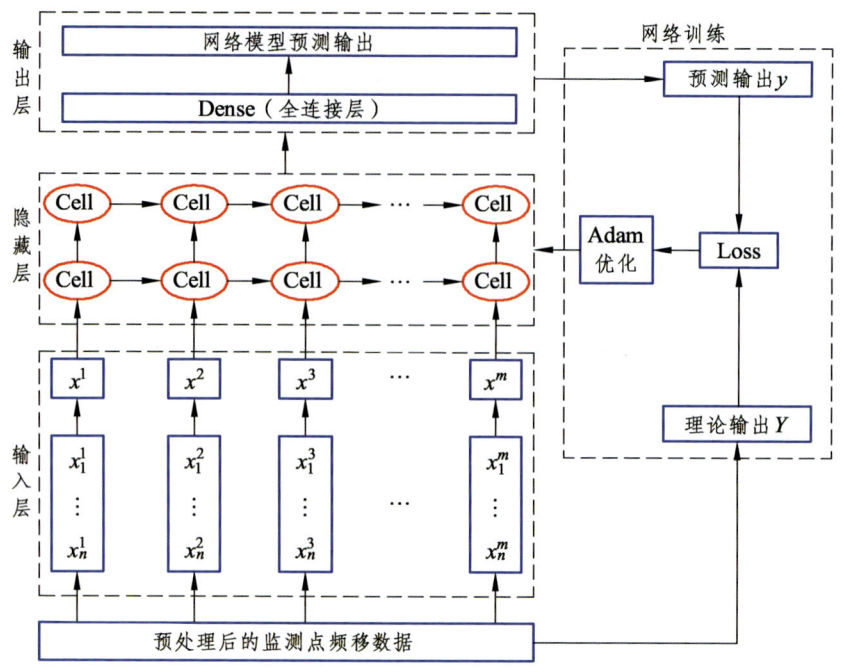

图 4.19 LSTM 网络监测数据预测结构图

1）超参数的确定

建立 LSTM 预测模型时，要预先设置好网络的一些初始参数，这些初始参数也被称为超参数，具体包括网络的隐藏层数、每层的节点数目、神经元失活率、损失函数、激活函数、迭代次数等。

目前，还没有一套完整的方法能够解决 LSTM 神经网络超参数的选择，一般是根据实验效果和调参经验进行调整。本章根据大量的实验将 LSTM 神经网络的结构确定为 4 层，即 1 个输入层、2 个隐藏层和 1 个输出层，并在此基础上选择相应的超参数。本章使用均方误差（Mean Squared Error，MSE）作为损失函数，并采用自适应梯度下降法（Adam）作为优化算法。损失函数也可以用其他类似误差函数代替（比如 RMSE），误差函数的选择对网络训练的影响甚微。除了 Adam 算法外，还有其他的优化算法，如常用的随机梯度下降算法（Stochastic Gradient Descent，SGD），该方法虽然使得模型的收敛速度得到了提升，但存在两个缺点：

更新方向不稳定波动大；学习率参数（Alpha）固定。Adam 算法很好地解决了 SGD 存在的上述两个问题，该算法通过计算梯度的一阶矩估计和二阶矩估计实现了各参数学习率的自动调整，同时记录了历史梯度均值作为动量，又引入历史梯度平方，克服了传统梯度下降法可能会收敛到局部最优的问题。

在确定了 LSTM 网络框架的层数后，接下来确定网络的节点数目。一般是通过实验和数据特征来确定输入层的节点数目，通过修改输入序列的长度进行模型学习并比较学习效果，最终确定 LSTM 神经网络的输入序列长度为 4，即神经网络的输入层节点数目为 4。输出是监测点第 $m+1$ 次模拟开采时的频移值，即输出序列的长度为 1，所以神经网络输出层的节点数目为 1。神经网络隐藏层节点数目可以根据经验公式计算，将输入层及输出层结点数目带入公式，并设 a 为 10，可得隐藏层节点数为 12。

$$u = \sqrt{m+n} + a \qquad (4.3.1)$$

式中：m，n 分别为输入和输出特征的维数；a 为 3~10 的整数。

2）权重参数的确定

当 LSTM 神经网络的超参数确定后，网络模型在训练过程中通过对训练样本集的学习会自动调整和确定神经元的权重参数，训练过程可以看作权重参数不断调整的过程。

预测模型通过对训练样本集进行学习，将网络内部的权重参数进行确定和保存，对训练好的模型输入与样本数据格式一致的数据，可以进行预测并输出预测值。用 $x^1, x^2, \cdots, x^m$ 表示样本数据中前 m 个样本的历史值，网络训练时使用前 m 个监测值来预测 $m+1$ 时监测点 x_i 的值 x_i^{m+1}，即一组样本包括 $m+1$ 时的监测值，前 m 次为历史数据，第 $m+1$ 次为监测点 x_i 的值。然后将训练集样本送入 LSTM 网络进行学习，具体训练步骤如下：

（1）确定网络训练时的损失函数，使用 MSE，公式如下：

$$\text{MSE} = \frac{1}{L} \sum_{i=1}^{L} (\hat{y}_i - x_i^{m+1})^2 \qquad (4.3.2)$$

式中：$\hat{y}_i$ 表示第 i 组预测值；x_i^{m+1} 表示第 i 组样本中 $m+1$ 时刻的真实值；L 为一次迭代使用的样本数目。

（2）将训练样本 $X = \{x^1, x^2, \cdots, x^m, x_i^{m+1}\}$ 的前 m 个数据值 $x^1, x^2, \cdots, x^m$ 作为输入向量 X 输入到模型中会得到一个预测值 $\hat{y}_i$，第 $m+1$ 的监测值 x_i^{m+1} 作为预测模型的真实值，用以与预测模型的输出 $\hat{y}_i$ 作比较。

（3）LSTM 网络中隐藏层的神经单元前向计算所用的公式如下：

$$\begin{aligned}
f_t &= \sigma(\boldsymbol{W}_f[h_{t-1}, x_t] + \boldsymbol{b}_f) \\
i_t &= \sigma(\boldsymbol{W}_i[h_{t-1}, x_t] + \boldsymbol{b}_i) \\
\tilde{c}_t &= \tanh(\boldsymbol{W}_c[h_{t-1}, x_t] + \boldsymbol{b}_c) \\
c_t &= f_t \otimes c_{t-1} + i_t \otimes \tilde{c}_t \\
o_t &= \sigma(\boldsymbol{W}_o[h_{t-1}, x_t] + \boldsymbol{b}_o) \\
h_t &= o_t \otimes \tanh(c_t)
\end{aligned}$$

（4.3.3）

式中：$\otimes$ 表示两个矩阵的张量积；$\boldsymbol{b}_f, \boldsymbol{b}_i, \boldsymbol{b}_c, \boldsymbol{b}_o$ 分别表示遗忘门、输入门、状态单元、输出门的偏置向量；$\boldsymbol{W}_f, \boldsymbol{W}_i, \boldsymbol{W}_o, \boldsymbol{W}_c$ 分别为遗忘门、输入门、状态单元、输出门的权重矩阵；σ 表示 Sigmoid 激活函数；tanh 表示双曲正切激活函数；x_t 表示 t 时刻的输入；h_{t-1} 表示 $t-1$ 时刻的输出；c_{t-1} 表示 $t-1$ 时刻的神经元状态；c_t 表示 t 时刻神经元的状态值。

（4）将模型预测值 $\hat{y}_i$ 和真实的数据值 x_i^{m+1} 作比较，计算损失函数的值，然后反向计算每个神经元的误差，使用 Adam 优化算法对 LSTM 网络权重参数进行调整和更新，对网络进行迭代训练。

（5）如果当模型训练到每一次迭代时损失误差达到一定精度不再下降，或已达到最大迭代次数时保存网络权重参数，得到训练好的网络，此时训练过程结束。

4.3.3 LSTM 预测模型的实现

在预测算法实现过程中，采用了 Keras 深度学习框架，它是以 Python 为开发语言的高度模块化的神经网络库，支持 GPU 和 CPU。本章所建立的 LSTM 神经网络分别由 1 个输入层、2 个隐藏层和 1 输出层组成。使用 Keras 搭建 LSTM 神经网络，可分为三个步骤：首先搭建模型的整体框架以及模型参数配置；其次对模型进行训练；最后使用测试集进行预测。

关于参数设置，首先需要确定 LSTM 网络的时间步长，使用某监测点前 4 次的值预测下一时刻的值，因此时间步长 Time_Step 为 4。隐藏层节点的个数 Hidden_Units 为 12；输出层数据是下一时刻的值，因此全连接层（Dense 层）神经元个数 Out_Units 设置为 1。Keras 中的 LSTM 网络架构，用 Eposchs 来表示模型训练时的迭代轮数，Loss 来指定损失函数，Batch_Size 来指定每次梯度更新使用的样本数，Optimizer 来指定优化算法。LSTM 网络每层之间用 Dropout 层进行连接，以减少训练时的参数量和防止模型过拟合。网络的参数具体设置如表 4.2 所示。

表 4.2　LSTM 模型参数选择

模型参数	设置
时间步长（Time_Steps）	4
隐藏层神经节点数（Hidden_Units）	12
输出神经单元数（Out_Units）	1
迭代轮次（Epochs）	100
损失函数（Loss）	MSE
批量大小（Batch_Size）	50
优化算法（Optimizer）	Adam
神经元失活比例（Dropout）	0.4

完成数据集的准备以及模型参数设置后，将训练集样本送入 LSTM 进行训练，每次迭代训练时，在训练集中同时选用 10% 的数据集作为验证集用来观察模型参数更新时预测模型的泛化能力，防止模型出现欠拟合、过拟合情况，模型的具体训练流程如图 4.20 所示。

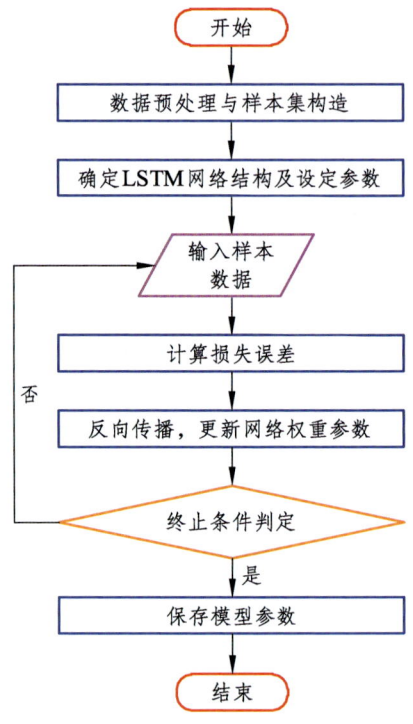

图 4.20 LSTM 网络模型训练流程

模型中的数据集分为输入序列 X，输出序列 $\hat{Y}$ 以及真实值序列 Y，输入序列 X 进入 LSTM 神经网络，处理得到输出序列 $\hat{Y}$，然后将模型预测输出 $\hat{Y}$ 与实际序列 Y 进行对比，计算损失函数，根据反向传播的模型优化算法，对网络模型各单元的参数进行迭代更新。经过多轮迭代直至损失函数小于某一个特定值或达到最大迭代次数时停止迭代，模型训练结束。最后将训练好的模型保存到工作目录。

图 4.21 为模型每次迭代训练时在训练集和验证集上的均方误差（MSE）波动情况（蓝线、红线分别表示在训练集、验证集上的 MSE 波动情况），其中横坐标表示学习器的迭代次数（Epoch），纵坐标表示每次迭代时的 MSE。

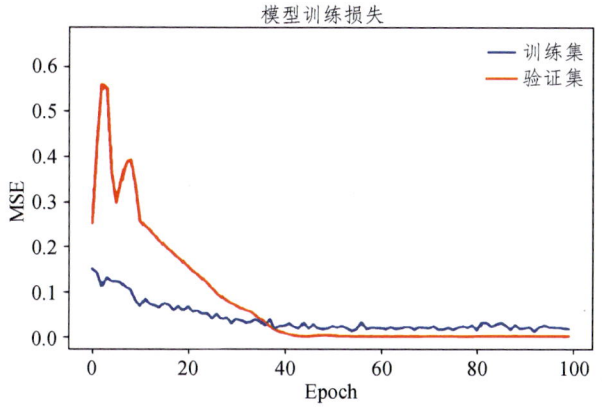

图 4.21 训练集验证集 MSE 误差图

可以看出，通过 LSTM 进行学习时，将训练集数据进行 10 次以内的迭代训练，模型的泛化水平较差（验证误差出现了较大起伏）。当迭代次数范围在 10~20 之间时，模型的拟合能力和泛化水平不断提高，当 Epoch 为 20 时，验证集的 MSE 为 0.159 6，训练集的 MSE 为 0.083 2，二者相差较大，验证集误差显著大于训练集误差，此时模型存在严重的过拟合；迭代次数范围在 20~50 之间时，训练集和验证集的 MSE 误差呈现下降趋势且最终趋于平稳，当 Epoch 为 50 次时，训练集的 MSE 为 0.020 1，验证集的 MSE 为 0.006 6，二者相差 0.013 5，相比 Epoch 为 20 次时，二者 MSE 差值缩小了约 6 倍。当继续迭代至 60 次之后，模型的训练误差和验证误差都趋于平稳，二者差值较小，表明此时模型的泛化能力和拟合能力都比较好，且不存在欠拟合、过拟合情况。

4.3.4 评价指标

在选择某种特定的预测方法进行预测时，需要借助预测误差即预测值与实际值之间的误差，评价该预测方法的预测精度或准确性。预测误差达到最小的方法可以看作是测量预测性能是否最优的一种方法。实际应用中，常用的预测误差计算方法有：平均绝对误差（MAE）、均方误差

(MSE)、平均误差（ME）、均方根误差（RMSE）、平均绝对百分比误差（MAPE）。前三个评价指标的大小受时间序列数据取值范围的影响，有时并不能真正反映预测模型的好坏，仅在同一数据集上比较不同模型预测效果时才有意义。平均绝对百分比误差（Mean Absolute Percentage Error，MAPE）则不同，它消除了时间序列数据的水平和计量单位的影响，反映误差大小的相对值。本节采用平均绝对百分比误差、最大绝对百分比误差（Max Absolute Percentage Error，MaxAPE）和 RMSE 来评价预测模型，其中 RMSE 在之前已经介绍过。

MAPE 的计算公式：

$$\mathrm{MAPE}(y,\hat{y}) = \frac{\sum_{i=1}^{n}\left|\frac{y_i - \hat{y}_i}{y_i}\right|}{n} \times 100 \qquad (4.3.4)$$

MaxAPE 的计算公式：

$$\max \mathrm{APE}(y,\hat{y}) = \left(\max\left|\frac{y_i - \hat{y}_i}{y_i}\right|\right) \times 100\% \qquad (4.3.5)$$

式中：y_i 表示实际值；$\hat{y}_i$ 表示预测值；n 表示值的个数；max 表示最大值函数。三个指标值越小，说明预测模型具有更好的精确度。

4.3.5　预测实验及结果分析

预测实验分析的实验数据来源于传感器测量值，这些数据集作为不同的实验组以验证模型的有效性和泛化性，将样本数据集按照时间顺序分成训练集和测试集两部分，训练集用来训练 LSTM 模型，进行模型内部相关权重参数的学习，测试集用来评估模型的有效性。按照前面所述样本集的构造方法得到模型的输入，对监测数据预测模型进行训练。最后使用测试样本来评价模型的预测效果，预测结果图如图 4.22～图 4.29 所示。

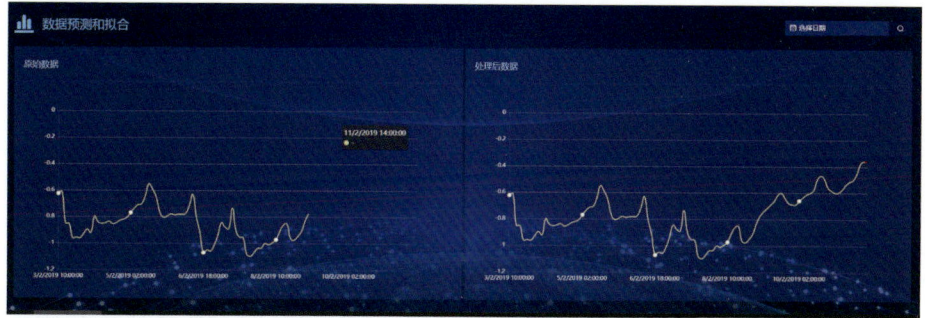

图 4.22　多点位移数据预测

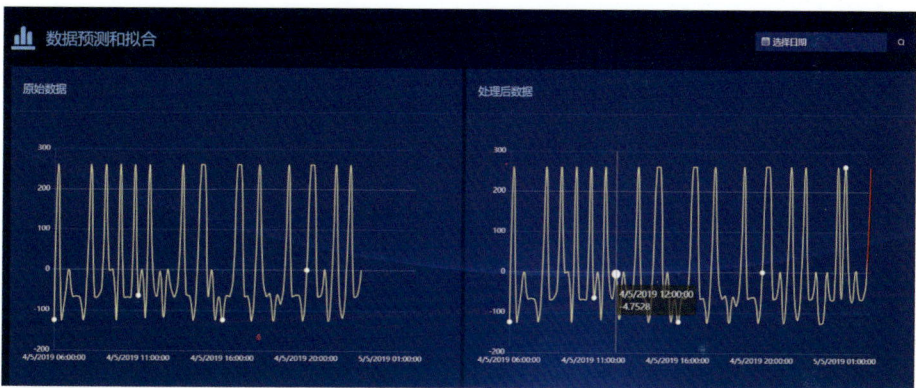

图 4.23　管道应变数据预测

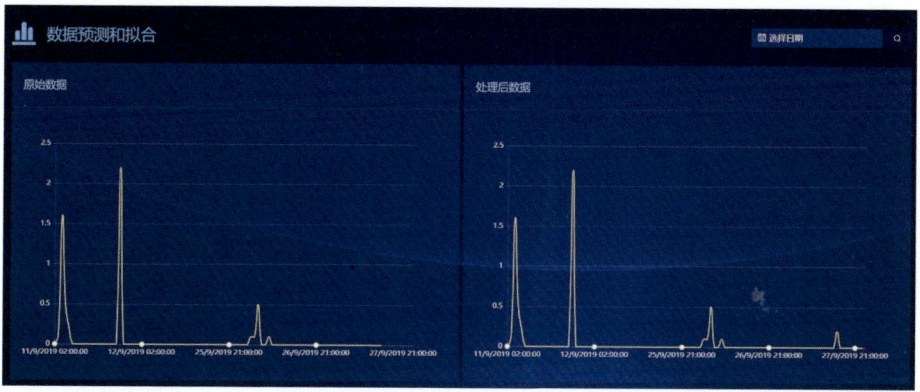

图 4.24　降雨量数据预测

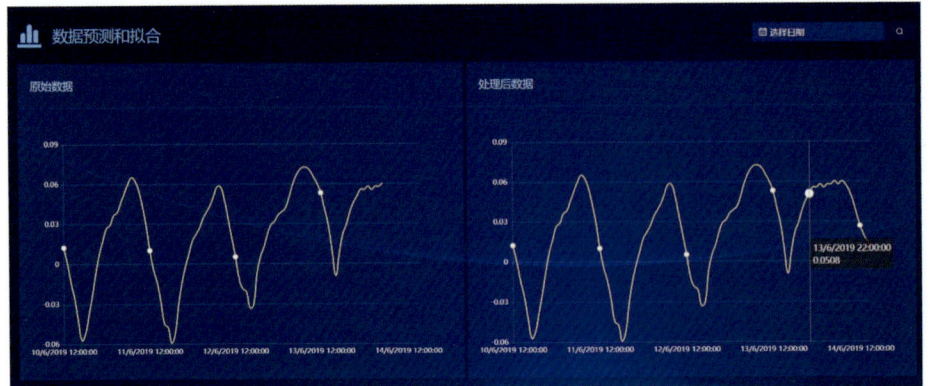

图 4.25　抗滑桩倾斜数据预测

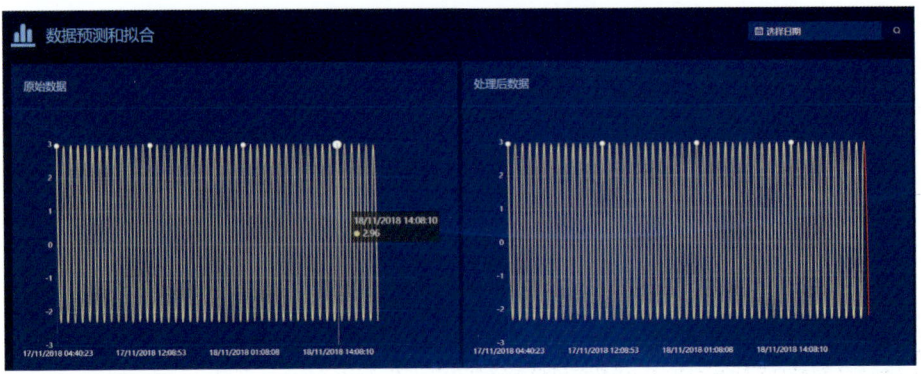

图 4.26　倾斜仪数据预测

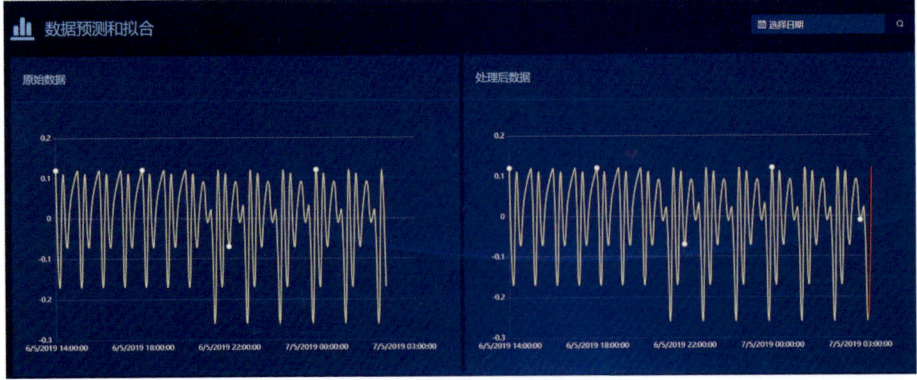

图 4.27　深部位移数据预测

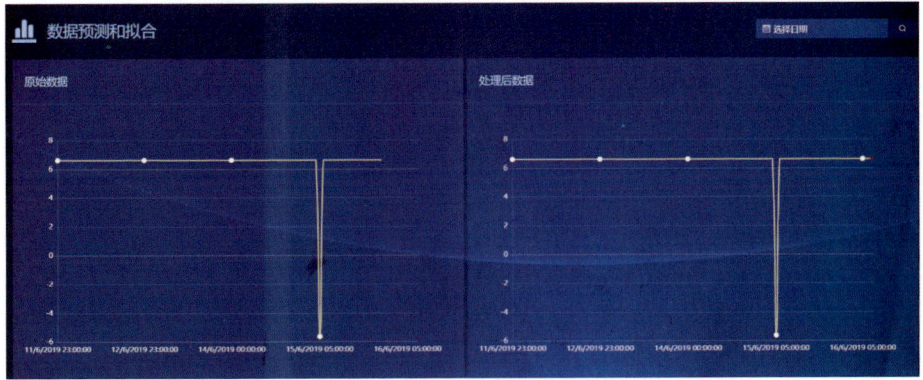

图 4.28 隧道裂缝数据预测

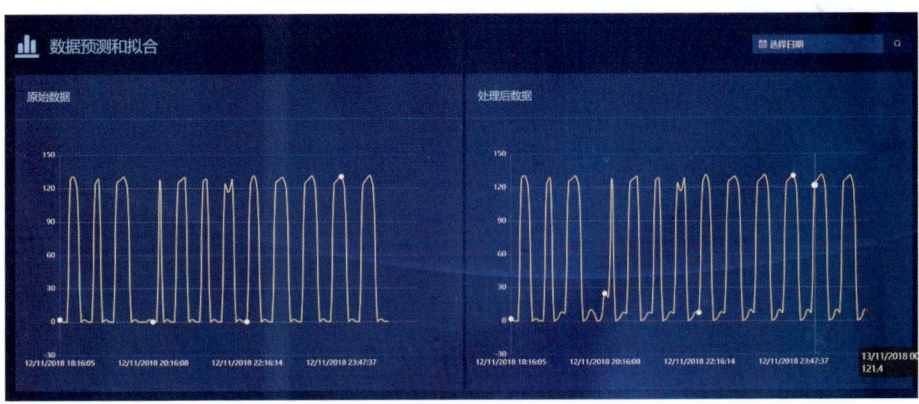

图 4.29 土壤压力数据预测

为了验证 LSTM 预测方法的有效性，选取 RNN 神经网络进行对比实验。RNN 神经网络是基于时间信息特征的深度学习方法。

在 RNN 模型中使用数据集进行实验。对于训练集和测试集的划分采用和 LSTM 相同的方式，基本参数设置与 LSTM 保持一致，设置最大迭代次数 Epochs 为 100，Time_Steps 设置为 4，Dropout 设置为 0.4，Hidde_Units 设置为 12。RNN 网络使用 MSE 作为训练模型的损失函数，利用 Adam 作为优化器。预测结果如图 4.30 所示。

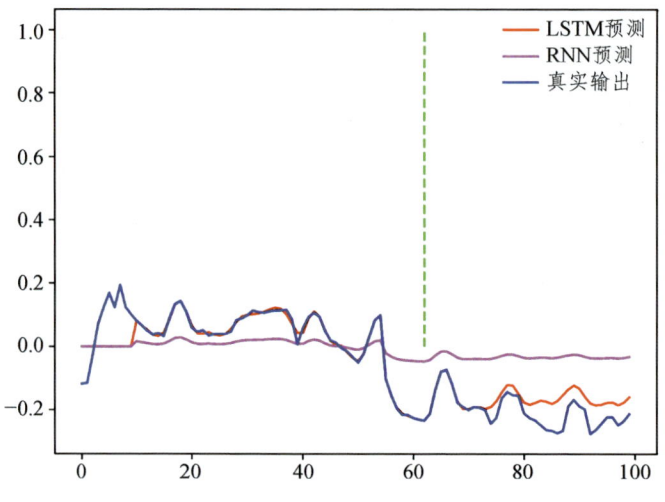

图 4.30　多点位数据处理预测结果图

从图 4.30 可以看出，RNN 预测模型在多点位移数据集上的预测效果比较差，与 LSTM 预测模型相比存在很大差距。然后，使用前面所述的三个模型评估指标对 RNN 预测模型和 LSTM 模型进行性能评估，选取 4 组数据集进行了对比实验，将各项指标值进行统计，如图 4.31 所示。

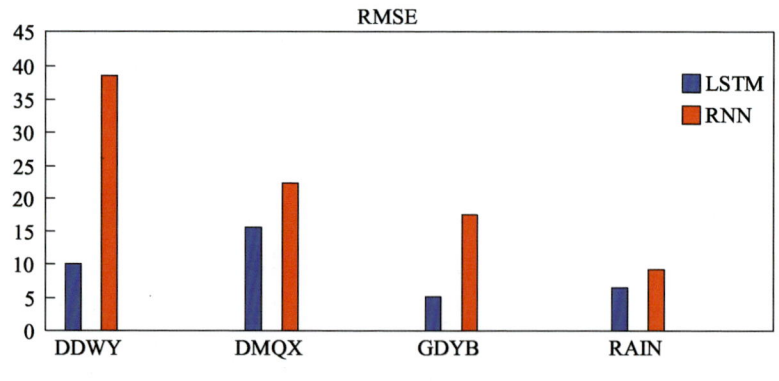

图 4.31　模型对比试验结果图

分析可知，RNN 预测模型的各项评估指标与 LSTM 模型相比（见图 4.32），存在较大差距，说明 LSTM 预测模型有着较好的预测结果，且具有较好的拟合回归能力，并有一定的实际应用前景。

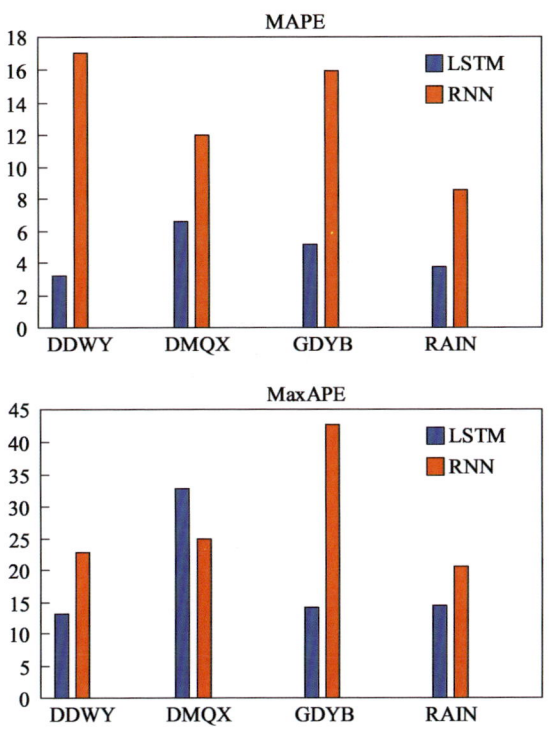

图 4.32 RNN 与 LSTM 模型相比

4.4 单指标预警算法

4.4.1 切线角方法设计与实现

为了解决 $S-t$ 曲线纵横坐标量纲不统一的问题，对 $S-t$ 坐标系做适当的变换处理，使其纵横坐标的量纲一致。我们注意到，如图 4.33（a）所示的 $S-t$ 曲线反映出斜坡在其发展演化过程中存在一个非常明显的等速变形阶段。在此变形阶段，斜坡变形速率基本保持恒定，位移 S 与时间 t 之间呈线性关系，即 $S=vt$，v 是等速变形阶段的位移速率。其余 2 个阶段 S 与 t 之间均呈非线性关系。

既然对某一个滑坡来说，等速变形阶段的位移速率 v 是一恒定值，那么，可以通过用位移除以 v 的办法将 $S-t$ 曲线的纵坐标变换为与横坐标相同的时间量纲。定义如下：

$$T(i) = \frac{\Delta S(i)}{v} \quad (4.4.1)$$

式中：$\Delta S(i)$ 为某一单位时间段（一般采用一个监测周期，如 1 天、1 周等）内斜坡位移的变化量；v 为等速变形阶段的位移速率；$T(i)$ 为变换后与时间相同量纲的纵坐标值。图 4.33（b）为经坐标和量纲变换后与图 4.33（a）对应的 T-t 曲线。根据 T-t 曲线，可以得到改进的切线角 α_i 的表达式：

$$\alpha_i = \arctan \frac{T(i) - T(i-1)}{t_i - t_{i-1}} = \frac{\Delta_T}{\Delta t} \quad (4.4.2)$$

式中：α_i 为改进的切线角；t_i 为某一监测时刻；Δt 为与式（4.4.1）计算 ΔS 时对应的单位时间段（一般采用一个监测周期，如 1 天、1 周等）；ΔT 为单位时间段内 $T(i)$ 的变化量。

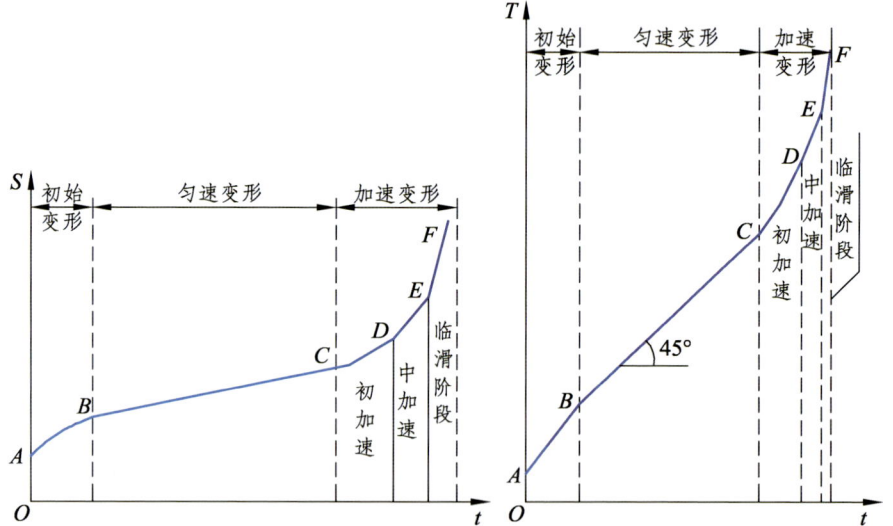

（a）S-t 曲线及其变形阶段的划分图　（b）经坐标变换后的滑坡 T-t 曲线图

图 4.33　S-t 曲线和经坐标变换后的滑坡 T-t 曲线

值得说明的是，利用提出的切线角的计算方法计算切线角时，S-t 曲线的监测数据应采用累计位移-时间资料；并且，如果不同变形阶段监测周期（Δt）不相同，应进行等间隔化处理使监测周期统一，即保持不同变形阶段的 Δt 的一致性。

4.4.2 实验结果与分析

以某原油管道某滑坡监测点 2019 年 9 月至 2020 年 1 月的数据为例，利用 GNSS 设备 X、Y、Z 3 个方向的数据进行单一指标预警分析，并按照前面所述方法进行算法仿真，得到的单指标预警算法图如图 4.34 所示。

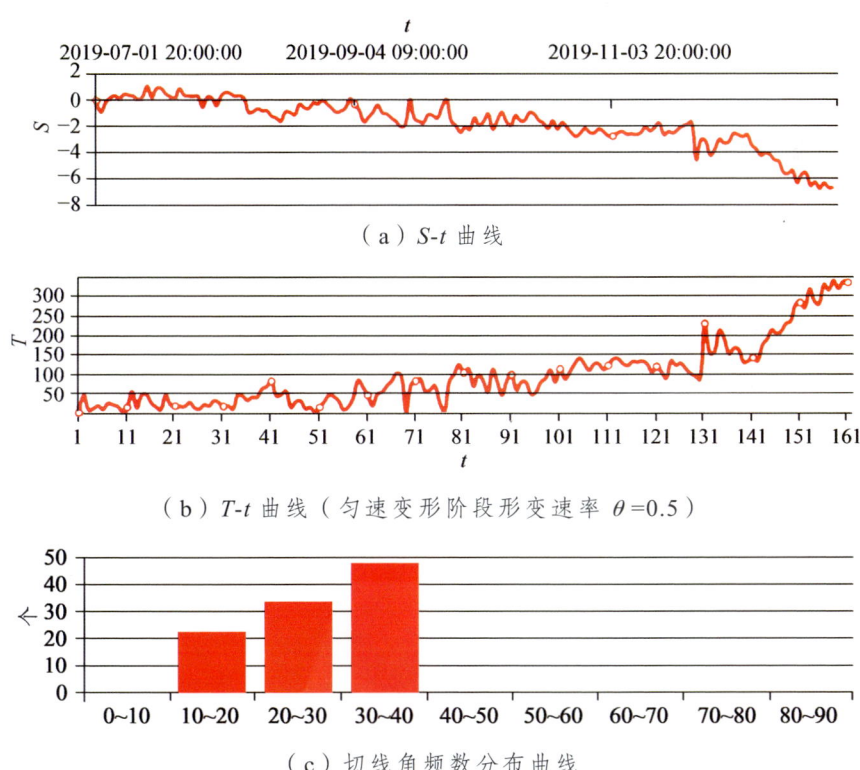

（a）S-t 曲线

（b）T-t 曲线（匀速变形阶段形变速率 $\theta=0.5$）

（c）切线角频数分布曲线

图 4.34 单指标预警算法图

注：当前点位切线角为 12.14°～38.68°，为正常级别。

由图 4.34 可知，该时间段内 GNSS 设备 3 个方向切线角均小于 40°，对照预警等级，目前处于正常级别。

4.5 阈值动态调整

4.5.1 滑动窗口方法设计与实现

传统的报警阈值只是针对单个模式设定,当变量从一个稳定状态到另一个稳定状态时,会产生误报警和漏报警,为了解决该问题,本书提出了一种报警阈值自适应预测方法。首先,通过历史数据得到各个阶段的带宽系数和贝叶斯估计的样本信息。其次,为了更新模型参数,在过渡过程采用基于蒙特卡罗方法的贝叶斯参数估计方法,利用后验分布函数的均值和方差,并在稳定过程采用递推迭代公式更新均值和方差。针对整个过程得到自适应的报警阈值,以此减小产生误报警和漏报警的数量。

1)带宽系数的训练

正常情况下,根据切比雪夫不等式,对于任意 $\varepsilon>0$,可得

$$P(|y-m| \geqslant \varepsilon) \leqslant \text{RFAR}$$
$$\Pr(y > m + \varepsilon) \leqslant \text{RFAR} \quad (4.5.1)$$

令 $\varepsilon = nS$,有

$$\Pr(y > m + nS) \leqslant \text{RFAR}$$
$$n = \frac{1}{\sqrt{\text{RFAR}}} \quad (4.5.2)$$

同理,在非正常情况下有

$$\Pr(y > m + nS) \leqslant \text{RMAR}$$
$$n = \frac{1}{\sqrt{\text{RFAR}}} \quad (4.5.3)$$

式中:RFAR,RMAR 分别为误报警率(False Alarm Rate,FAR)和漏报警率(Missing Alarm Rate,MAR)的最大上限值;m 和 S 分别为实时数据估计的均值和方差。初始系数在训练过程中不断调整,采用最速下降法对系数 n 进行修正,有

$$n_{N+1} = n_N + \eta e_N \tag{4.5.4}$$

其中，e_N 为 N 时刻的修正量；η 为调整系数，$0 < \eta < 1/y_N$，且有

$$\begin{aligned} e_{N+1} &= y_N - y_N^{\text{up}}, y_N > y_N^{\varphi} \\ e_{N+1} &= -e_N, y_N^{\text{or}} < y_N < y_N^{\text{up}} \\ e_{N+1} &= y_N^{\text{low}} - y_N, y_N < y_N^{\text{lar}} \end{aligned} \tag{4.5.5}$$

式中：y_N^{up} 为阈值的上限；y_N^{low} 为阈值的下限。

2）过渡过程自适应阈值计算

为了更好地对过程变量进行动态报警阈值设计，采用滑动窗口算法对连续数据进行分割，在建立回归模型的基础上用新的数据扩大现有的数据段建立新的回归模型。若该模型的拟合误差大于预先设定的分割点误差，将新的数据归入新的数据段，用新的模型进行分析；若上述分割点误差小于设定误差值，则继续分析下一个数据。

对过渡过程 $[t_1, t_n]$ 的时间序列，基于数据拟合建立测量变量回归模型：

$$y_i = a + bt_i \tag{4.5.6}$$

因此，把对变量的估计转化为对斜率 b 和截断误差 a 的估计。考虑到测量变量受到噪声的影响，假设每个测量变量的噪声服从独立分布，得到测量变量的模型：

$$y_i = a + bt_i + \varepsilon \tag{4.5.7}$$

其中，ε 是随机误差，服从均值为 0、方差为 δ^2 的正态分布，记为 $\varepsilon \sim N(0, \delta^2)$。因此可以把报警阈值的概率模型描述为服从均值为 $a + bt_i$、方差为 δ^2 的正态分布，记为 $y_i \sim N(a + bt_i, \delta^2)$。

为了更好地利用历史数据估计参数，提出了基于贝叶斯的线性方程对参数 a 和 b 进行预测。考虑到 t_{n+1} 时刻的数据，能够预测 y_{n+1} 的分布函数。

采用最小二乘估计方法，估计参数 b, a，记估计值为

$$\hat{y} = \hat{a} + \hat{b}t$$

其中

$$\hat{b} = \frac{\sum_{i=1}^{n}(t_i - \overline{t})(y_i - \overline{y})}{\sum_{i=1}^{a}(t_i - \overline{t})^2}$$

$$\hat{a} = \overline{y} - \hat{b}\overline{t} \qquad (4.5.8)$$

$$\overline{t} = \frac{1}{n}\sum_{i=1}^{n} t_i$$

$$\overline{y} = \frac{1}{n}\sum_{i=1}^{n} y_i$$

由分析可以得到，$\hat{b}, \hat{a}$ 是 b, a 的无偏估计，且 $\hat{b}, \hat{a}$ 服从正态分布：

$$\hat{b} \sim N\left(b, \frac{\delta^2}{\sum_{i=1}^{n}(t_j - \overline{t})^2}\right)$$

$$\hat{a} \sim N\left(a, \frac{\sum_{i=1}^{n} t_j^2 \delta^2}{n\sum_{i=1}^{n}(t_i - \overline{t})^2}\right)$$

$$S_u = \sum_{i=1}^{n}(t_i - \overline{t})^2 = \sum_{i=1}^{n} t_i^2 - \frac{1}{n}\left(\sum_{i=1}^{n} t_i\right)^2 \qquad (4.5.9)$$

$$S_y = \sum_{i=1}^{n}(y_i - \overline{y})^2 = \sum_{i=1}^{n} y_i^2 - \frac{1}{n}\left(\sum_{i=1}^{n} y_i\right)^2$$

$$\hat{b} = \frac{S_y}{S_u}$$

$$\hat{a} = \overline{y} - \frac{S_\eta}{S_u} \cdot \overline{t}$$

根据贝叶斯估计理论，计算参数 a 和 b 的后验概率分布函数：

$$\begin{aligned} g(a,b|t,y) &\propto f(t,y|a,b) \times g(a,b) \\ &\propto [f(t,y|b) \times g(b)] \times [f(t,y|a) \times g(a)] \\ &\propto g(b|t,y) \times g(a|t,y) \end{aligned} \qquad (4.5.10)$$

假设参数 b 和 a 的先验概率分布函数如下：

$$\begin{cases} b \sim N(m_b, s_b^2) \\ a \sim N(m_a, s_a^2) \end{cases} \quad (4.5.11)$$

对于参数 b 和 a 的后验概率分布函数：

$$\begin{cases} b \sim N(m_b', s_b'^2) \\ a \sim N(m_a', s_a'^2) \end{cases} \quad (4.5.12)$$

由贝叶斯估计，可得参数 b 的均值和方差：

$$s_b'^2 = \frac{\delta^2 s_b^2}{s_b^2 S_{tt} + \delta^2}$$
$$m_b' = \frac{s_b'^2}{s_b^2} m_b + \frac{S_y}{\delta^2} s_b'^2 \quad (4.5.13)$$

同理，可得参数 a 的均值和方差：

$$s_a'^2 = \frac{\delta^2 s_a^2}{n s_a^2 + \delta^2}$$
$$m_a' = \frac{s_a'^2}{s_a^2} m_a + \frac{n}{\delta^2} s_a'^2 \left(\overline{y} - \frac{S_{by}}{S_a} \cdot \overline{X} \right) \quad (4.5.14)$$

根据后验分布函数的推导，可得预测值的均值和方差：

$$m_y = m_a' + m_b'(t_{l+1} - \overline{t})$$
$$s_y^2 = s_a'^2 + s_b'^2 (t_{i+1} - \overline{t}) + \delta^2 \quad (4.5.15)$$

由此，可得残差平方和公式：

$$Q_e = \sum_{i=1}^{n} \{ y_i - [m_a + s_a'^2 (t_i - \overline{t})] \}^2 \quad (4.5.16)$$

如果 Q_e 大于最大容许误差 β，拟合的数据 (t_1, t_n) 不符合要求，需要重新进行分段线性化处理；如果 Q_e 小于最大容许误差 β，可立刻得到动态报警阈值。动态报警阈值 $\hat{y}_0$ 的预测置信区间为 $[m_y - n^* s_y^2, m_y + n^* s_y^2]$。

3）稳态过程自适应阈值计算

对于稳态过程，如果按照均值和方差计算公式，随着数据量的增大，计算量将加大。为了满足对均值和方差的实时估计要求，采用迭代递推公式：

$$m_{y(N+1)} = m_{y(N)} + \frac{1}{N}(x_{N+1} - m_{y(N)}) \quad （4.5.17）$$

对于 $N+1$ 时刻的均值估计，只需要计算 N 时刻的均值和 $N+1$ 时刻的数据，这样大大减小了计算量。

方差的迭代递推公式为

$$(S_y^{N+1})^2 = \frac{N-1}{N}(S_y^N)^2 + \frac{1}{N+1}(x_{N+1} - m_N)^2 \quad （4.5.18）$$

由此可知，$N+1$ 时刻的方差可由 N 时刻的方差、均值以及 $N+1$ 时刻的数据求得。可以推导出 $N+1$ 时刻的阈值范围：

$$[m_y^{N+1} - nS_y^{N+1}, m_y^{N+1} + nS_y^{N+1}]$$

4）方差敏感自适应阈值计算

为了提高报警系统的性能，建立的动态阈值应该同时重视均值和方差的变化，使得到的阈值具有更好的适用性。因此，对于方差大于均值的情况 $s_y^2 \geqslant m_y$，为了合理化选取阈值，应该取 $s_y^2 = m_y$，得到自适应阈值：

$$\begin{aligned} T_{\text{adp}} &= m_y \pm n^* s_y^2, s_y^2 \leqslant m_y \\ T_{\text{adp}} &= m_y \pm (1+n), s_y^2 > m_y \end{aligned} \quad （4.5.19）$$

式中，$m_y \pm n^* s_y^2$ 能够消除过渡过程的误报警；$m_y \pm (1+n)$ 能够减小方差的影响，减小故障信号造成的漏报警。

基于上文对阈值动态调整算法原理的分析，进行阈值动态调整方法的实验设计。其自适应报警阈值的算法流程如图 4.35 所示。

5）过渡过程阈值的计算步骤

（1）系统初始化，利用滑动窗口算法对提取过渡过程知识，以便进行贝叶斯估计；

（2）利用整个过程的数据离线训练带宽系数 n；

（3）输入一系列数据集 $(x(k),y(k))$，选择数据的初始点 $x(0), y(0)$；

（4）通过贝叶斯估计方法估计参数 a 和 b；

（5）对于建立的模型，通过公式 $s_b'^2 = \dfrac{\delta^2 s_b^2}{s_b^2 S_{tt} + \delta^2}$ 和 $m_b' = \dfrac{s_b'^2}{s_b^2} m_b + \dfrac{S_y}{\delta^2} s_b'^2$ 不断更新参数 b，通过公式 $s_a'^2 = \dfrac{\delta^2 s_a^2}{n s_a^2 + \delta^2}$ 和 $m_a' = \dfrac{s_a'^2}{s_a^2} m_a + \dfrac{n}{\delta^2} s_a'^2 \left(\overline{y} - \dfrac{S_{by}}{S_a} \overline{X} \right)$ 不断更新参数 a；

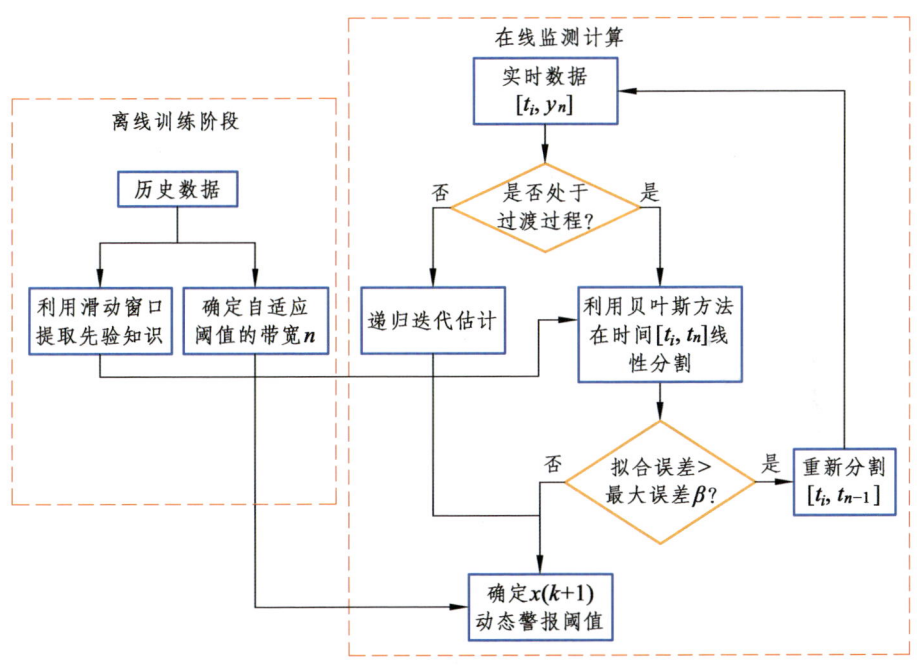

图 4.35　算法流程图

（6）判断通过残差平方 $Q_e = \sum_{i=1}^{n} \{y_i - [m_a' + s_a'^2(t_i - \overline{t})]\}^2$ 计算得到的回归模型是否符合要求，如果大于最大容许误差 β，转到步骤（2），如果达到要求，继续转到步骤（7）；

（7）比较均值和方差的大小，确定 $x(k+1)$ 的自适应阈值；

（8）若 $k=k+1$，转到步骤（1）。

6）稳态过程阈值计算步骤

（1）系统初始化，利用滑动窗口算法对提取过渡过程知识，以便进行贝叶斯估计；

（2）利用整个过程的数据离线训练带宽系数 n；

（3）输入一系列数据集（$x(k)$，$y(k)$），选择数据的初始点 $x(0)$，$y(0)$；

（4）处于稳态过程，利用均值和方差的递推公式 $m_{y(N+1)} = m_{y(N)} + \frac{1}{N}(x_{N+1} - m_{y(N)})$ 实时更新数据，确定新的均值和方差；

（5）比较均值和方差的大小，确定 $x(k+1)$ 的自适应阈值；

（6）若 $k=k+1$，转到步骤（1）。

针对固定报警阈值与设备状态变化无关、缺乏与运行工况和运行瞬态的相关性、阈值监测缺乏时间相关性的缺点，提出的动态报警阈值能够处理不同操作模式之间的过渡。使用贝叶斯监测的新方法，它不仅可以使用样本信息，而且可以充分利用先验信息，从大量的过程数据中提取更有意义的信息。

4.5.2 动态阈值调整实验及结果分析

对整个监测阶段来说，主要是针对稳态过程两种情况进行均值和方差的计算。带宽系数确定后，报警阈值的上下限估计与均值、方差有关，需要在线实时更新均值和方差的量进行阈值的不断调整。

当监测设备运行处于稳定工作状态时，由于受干扰的影响，过程变量会超过报警阈值。这里选择多点位移监测数据的 1 000 组原始数据进行仿真。首先，通过历史数据选择 3σ 计算方法计算固定的报警阈值，由于采用了固定的阈值设置，报警数量会增多。在稳定阶段，噪声方差较大会导致较多的漏报警，因此提出应用方差敏感的自适应报警阈值计算方法，综合错报和漏报 2 个指标，最优窗口长度为 100。如图 4.36 所示，其充分考虑了方差和均值的双重影响，使得能够在整个工作过程中都适用，消除在稳定阶段由方差作用导致的漏报警。从图 4.36 可以看出，报警数量进一步减少，报警性能指标得到明显改善。

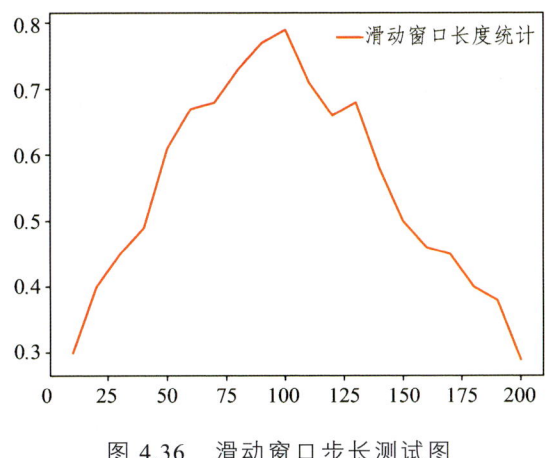

图 4.36　滑动窗口步长测试图

以某天然气管道沿线某滑坡监测点位地表位移数据进行仿真结果详情如图 4.37～图 4.39 所示。

某成品油 CBE062 滑坡监测点位数据仿真结果详情如图 4.40、图 4.41 所示。

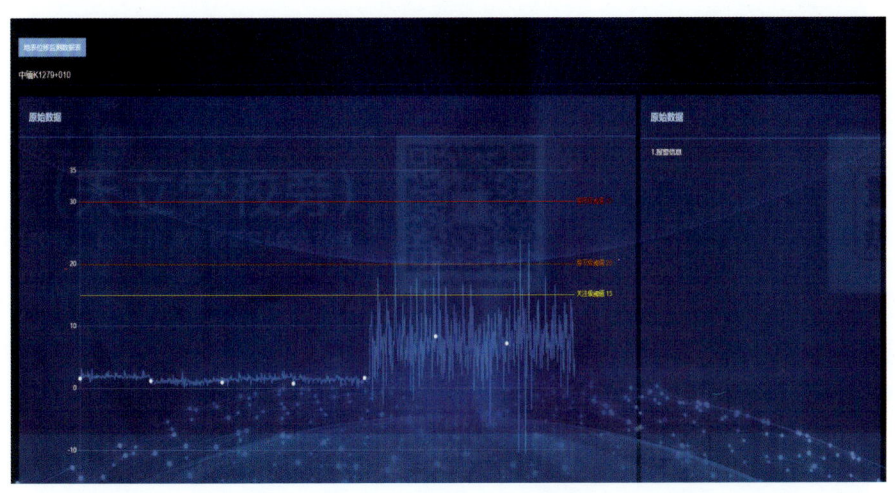

图 4.37　某天然气管道某滑坡地表位移数据专家经验阈值效果

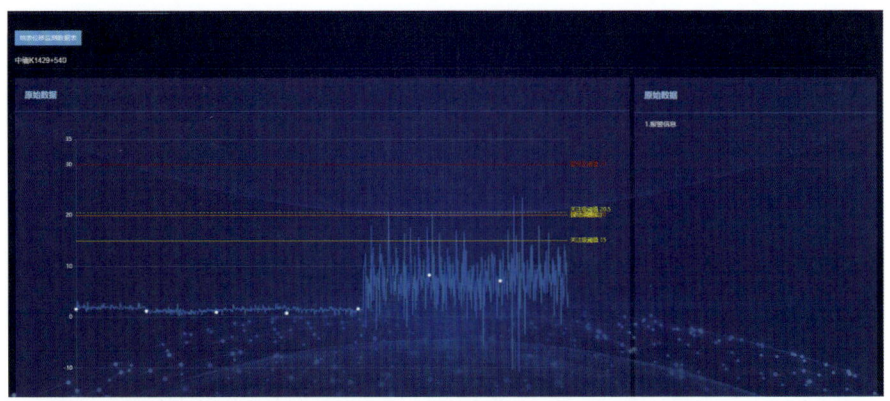

图 4.38　某天然气管道某滑坡地表位移数据动态阈值算法关注级阈值调整

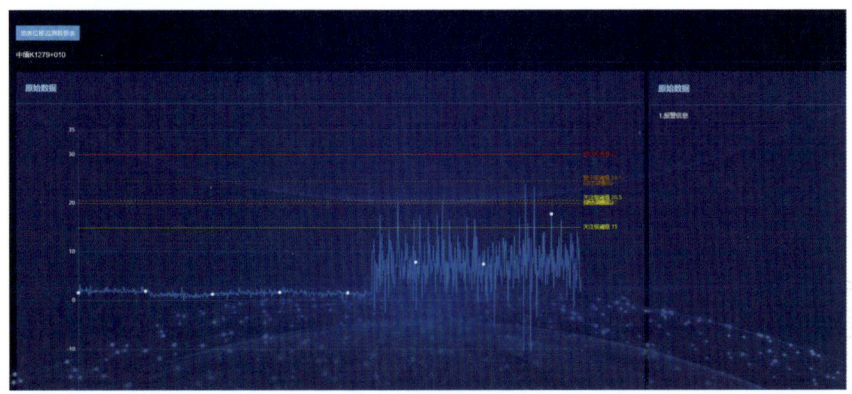

图 4.39　某天然气管道某滑坡地表位移数据动态阈值算法警示级阈值调整

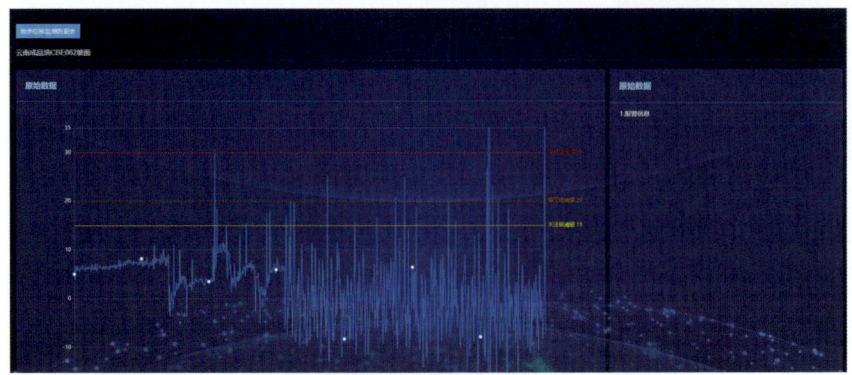

图 4.40　某成品油 CBE062 滑坡监测点位专家经验阈值效果

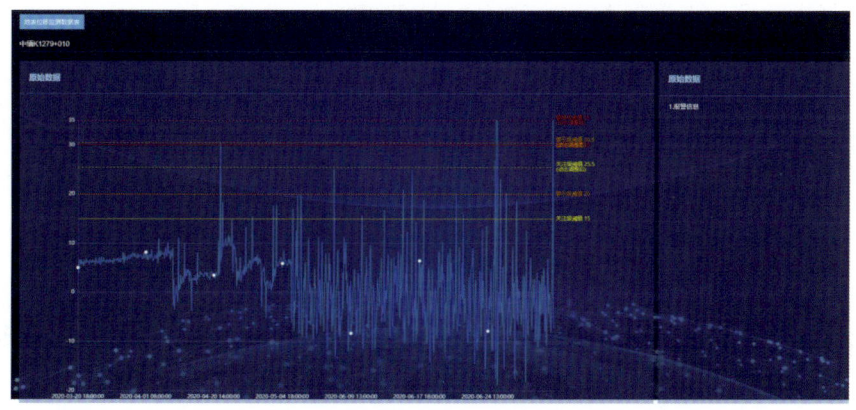

图 4.41 某成品油 CBE062 滑坡监测点位动态阈值调整后结果

传统方法主要集中在稳态过程优化和用固定阈值方法处理多模式转变过程，由此产生了大量的误报警和漏报警，大大影响了报警系统的可靠性。动态报警阈值策略不是简单设定静态变量的上界值和下界值，而是在过渡过程中利用贝叶斯估计，充分考虑样本数据和先验数据的不确定性，在稳定过程中随着数据的增加采用递推公式计算均值和方差，满足实时估计的要求。此外，方差敏感的自适应阈值算法考虑方差的影响，所以会消除一些漏报警。可见，通过实验证明了方法的有效性，并且能够进一步减少报警数量。

4.6 本章小结

首先，本章对异常值采取 3σ 方法进行过滤，介绍了填补模型的整体框架和具体实现步骤，然后对缺失值填补实验的结果进行了展示，并结合评价指标对填补实验的性能进行了分析。其次，本章构建了用于 LSTM 网络训练的样本数据集，详细介绍了 LSTM 预测模型的设计与实现，对监测数据进行预测实验，结合评价指标对预测结果进行分析，为验证所提方法的预测性能，以 RNN 方法作为基线方法进行对比实验，绘制出预测结果图和评估指标结果柱状图并分析了两种预测模型的实验结果。另外，对单指标预警算法模型算法进行了实验设计与实现，并展示了最后的效果图。最后，本章详细介绍了滑动窗口算法的计算原理，对动态阈值调整滑动窗口算法进行了算法框架和具体步骤的介绍，并以传统固定阈值报警方法作为对象进行了对比实验，得出两种算法的评价结果，并展示了滑动窗口算法的实验结果。

山区油气管道沿线地质环境条件复杂，地质灾害频发，其中滑坡、水毁灾害占比较大，威胁最为严重。本书选择了滑坡、河沟道水毁作为主要的研究对象，同时纳入对管道威胁较大的采空区。考虑管道地质灾害形成机制、对管道的危害特征与破坏模式等情况，按监测对象不同划分为灾害本体形变（地灾形变）、受体（管道应变）、外界诱发因素（降雨、流速等）三大部分，构建基于地灾形变指标 X、外界诱发指标 Y、管道力学指标 Z 的灾害监测指标体系。

5.1 滑坡灾害地质特征及变形机理

5.1.1 滑坡灾害影响因素

滑坡的成因分为两个方面：一是地质、地貌条件影响；二是内外动力和人为作用的影响。

1）地质、地貌条件

（1）岩土类型：岩土体是产生滑坡的物质基础。一般来说，各类岩、土体都有可能构成滑坡体，其中结构松散、抗剪强度和抗风化能力较低，在水的作用下其性质易发生变化以及软硬相间的岩层所构成的斜坡更容易发生滑坡。

（2）地质构造条件：组成斜坡的岩、土体只有被各种构造面切割分离成不连续状态时，才可能有向下滑动的条件。同时构造面又为降雨等水流进入斜坡提供了通道，故易发生滑坡。

（3）地形地貌条件：只有处于一定的地貌部位，具备一定坡度的斜坡，才可能发生滑坡。坡度大于10°，小于45°，下陡中缓上陡、上部成环状的坡形是产生滑坡的有利地形。

（4）水文地质条件：地下水活动在滑坡形成中起着重要作用。

2）内外动力和人为作用

外动力包括降雨、融雪及河流等地表水对斜坡的冲刷和浸泡。内动力有构造运动、地震等。

不合理的人类工程活动也是诱发滑坡的一大因素，如坡脚开挖、坡体上部堆载、爆破、水库蓄（泄）水、矿山开采等。

5.1.2　滑坡灾害对管道的破坏模式

管道穿越滑坡的方式包括横穿、纵穿和斜穿。

1）横穿滑坡

横穿滑坡是管道近似垂直于滑动方向通过坡体的情况。滑动后，因土体移动造成约束力降低或增加，位于坡体内的管道易产生整体变形，强烈时可造成管基土移动、管道裸露或悬空。位于滑坡边界附近的管道受剪切作用，存在断管风险。管道横穿滑坡体示意图参见图5.1。

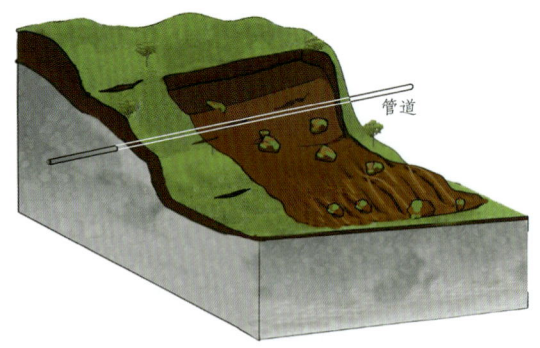

图 5.1　管道横穿滑坡体示意图

2）纵穿滑坡

纵穿滑坡是管道近似平行于滑动方向通过坡体的情况。滑坡体向下移动时，管道主要受管周土体摩擦力作用，在坡顶处产生拉应力集中，当应力增加到一定程度时管道存在拉断风险，在坡脚处管道产生压应力集中，易发生屈曲破坏。管道纵穿滑坡体示意图参见图5.2。

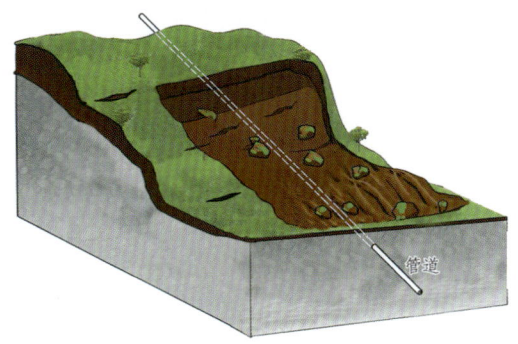

图 5.2　管道纵穿滑坡体示意图

滑坡按滑动力学性质分为推移式和牵引式两种类型。在不同滑坡类型中管道拉、压应力集中不一定同时出现，但任意一种形式的应力集中都可能造成管道失效。

3）斜穿滑坡

斜向滑坡介于横穿滑坡与纵穿滑坡之间，既有垂直于管道轴向的作用力，又有平行于管道轴向的作用力，兼具两者特征。斜穿滑坡中管道的变形破坏特点受管道轴向与滑动方向的交角影响明显。管道斜穿滑坡体示意参见图5.3。

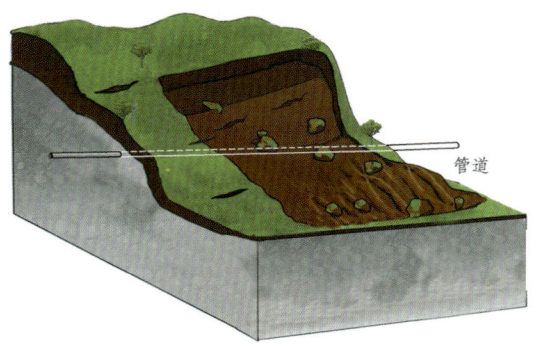

图 5.3　管道斜穿滑坡体示意图

5.2 水毁灾害地质特征及变形机理

5.2.1 水毁灾害影响因素

管道水毁灾害按穿越对象分为台田地水毁、坡面水毁和河沟道水毁。台田地水毁规模相对较小。坡面水毁主要涉及水土流失，一般不做专业监测。河沟道水毁灾害主要发育于管道穿越河沟、顺河沟和岸坡敷设区段，因水动力条件引发河沟床局部冲刷下切、堤岸侵（侧）蚀坍塌、水工保护设施破坏，导致管道露管、悬管。影响河沟道水毁发育的条件有地形地貌、地质环境条件以及外界因素等。

1）地形地貌

河沟道水毁主要由水力冲刷侵蚀引起，其强弱程度取决于地形条件，主要包括弯曲度、河岸坡度、河沟床纵坡降等因素。

对于横穿河流沟谷的管道，主要遭受河沟的冲刷下切，河沟床纵坡降越大，水流速度越快，下切越严重。沿河沟岸敷设管道，凹岸坡部位主要表现为淘刷坍岸，对管道影响较大；而在凸岸坡部位主要表现为淤积，对管道影响较小。河岸坡度越大，越利于淘刷坍岸。

2）地质环境

地质环境条件包括岩土类型、岩土结构等，也是影响水毁形成的重要内在因素。岩土类型对河沟道水毁形成起到至关重要的作用。在相同条件下，土体相对于岩体更容易导致水毁形成。

管道沿线大部分地段为土体分布，包括风积、残坡积、冲洪积等不同成因的碎石土、砂土、黏性土等，不同的土体性质决定了地质灾害的发育特征。在砂性土、黏性土分布区，土体结构疏松，遇水易流失，渗透性强，雨水渗漏致使其结构破坏。

3）外部诱发因素

导致河沟道水毁形成的外部因素较多，主要包括降雨、水流量及流速、人类工程活动等。

（1）降雨：一方面为河沟道水毁提供了水源条件，另一方面引起地下水位的变化。地下水位升高影响河沟岸岩土体强度和应力状态，河沟岸的岩土体饱和，增加了岩土体的自重，降低抗剪强度，更容易遭受水流掏蚀、冲刷。

（2）水流量及流速：水流越大，流速越快，对岸坡及河床的冲刷、下切作用就越强烈。

（3）人类工程活动：抛锚、拖锚、挖沙、挖泥、采石、水下爆破等人类活动都会诱发水毁灾害。

5.2.2 水毁灾害对管道的破坏模式

河沟道水毁主要分布在常年性或季节性河沟，水流产生强烈的冲蚀、侵蚀和淘蚀作用，使得管道穿越河沟和顺河沟（岸）敷设段的河沟床下切或岸坡侧蚀。由于管道与河沟道的位置关系不同，其危害特征、危害程度也不尽相同。管道在河道中敷设一般有两种情况，一种是顺河沟（岸）敷设，另一种是横（斜）穿河沟道敷设。

1）管道顺河沟（岸）敷设

当管道顺河沟（岸）敷设时，主要受岸坡坍（垮）塌、侵蚀破坏的影响，管道会发生长距离的露管、悬管或受侧向挤压发生弯曲变形，甚至管道可能发生破裂、断管风险。

2）管道横（斜）穿河沟道敷设

当管道穿越河沟道敷设时，主要受河沟床的冲刷、下切侵蚀和岸坡侧蚀作用，管道上方覆盖层变薄、河沟床冲蚀下切和岸坡的坍塌、侵蚀等水毁破坏，使河沟床内管道浅埋、露管、悬管。同时在水流及所夹杂砂石的冲击、磨损和碰撞等作用下，局部出露或悬空的管道可能会发生防腐层损坏、管壁局部凹陷、扭曲变形，甚至断裂等现象。

5.3 采空区灾害地质特征及变形机理

5.3.1 采空区灾害影响因素

采空区是指人为挖掘或者天然地质运动在地表下产生的空洞。采空区一般为缓慢型地表塌陷，其形成因素主要与地下开采厚度、开采深度、重复采动、地形地貌等有关。

1）采空区地下开采厚度及开采深度

采空区开采厚度、开采深度是决定地面塌陷的两个重要参数，采深越浅或采厚越大，越易形成地表塌陷。

2）重复采动

当上部矿层开采后，其下方再次开采时会使上覆岩土体受扰动程度加剧，进而使之破坏失稳。在相同或相似条件下，重复采动次数越多，采空区在空间叠置层数就越多，地面塌陷的危险性就越大。

3）地形地貌

地表移动变形规律与地表倾向有关。当地貌形态为正坡时，斜坡地貌的水平移动量要大于平地的水平移动量；当地貌形态为负坡时，斜坡地貌的水平移动量要小于平地的水平移动量；斜坡坡底部位滑移量显著，坡顶部位滑移量较小；坡顶部分地表下沉量大于平地时的下沉量，而坡底部分地表下沉量小于平地时的下沉量。在采空区上方，凸形地貌部位的下沉值增大，山区采动水平移动值减小，凸形地貌采动滑移会导致地表产生下沉。

5.3.2 采空区灾害对管道的破坏模式

管道穿越采空区时，随着地表的下沉而产生变形，地表位移会对管道的安全产生极大的影响。地表变化较小，埋地管道在变化过程中呈现出管道与土体协同变形；变形持续增加，管道与土体出现非协同变形，形成暗悬空；当变形量较大时，可能造成管道悬空。管道变形主要是由地面下沉造成的，当管道变形达到临界值时，会发生屈服乃至破裂。

5.4　滑坡灾害监测预警关键指标体系构建

滑坡灾害的危险性评价因子主要包括：坡度、坡面形态、土体类型、历史滑塌、现今变形、土体状态、滑体厚度、24 h 最大降雨量、地震烈度、灾害防治效果、管道位置、管道敷设方式等 12 个因子（见表 5.1）。根据监测对象的不同，灾害一级监测指标划分为三大类：地灾形变指标 X、外界诱发指标 Y、管道力学指标 Z。二级监测指标是在综合考虑一级监测指标类别与灾害危险性评价因子的基础上，结合目前监测数据易获取性进行确定的。

通过地灾形变指标 X、外界诱发指标 Y、管道力学指标 Z 构建滑坡灾害监测指标体系（见图 5.4）。其中，地灾形变指标 X 包括地表位移、深部位移、土压力、倾斜、地表裂缝；外界诱发指标 Y 包括降雨；管道力学指标 Z 包括管道应变。

表 5.1　滑坡灾害监测指标选取

危险性评价因子	一级监测指标	二级监测指标
坡度	地灾形变指标 X	地表位移
坡面形态		深部位移
土体类型		土压力
历史滑塌		倾斜
现今变形		地表裂缝
土体状态		

续表

危险性评价因子	一级监测指标	二级监测指标
滑体厚度		
灾害防治效果		
24 h 最大降雨量	外界诱发指标 Y	降雨
地震烈度		
管道位置	管道力学指标 Z	管道应变
管道敷设方式		

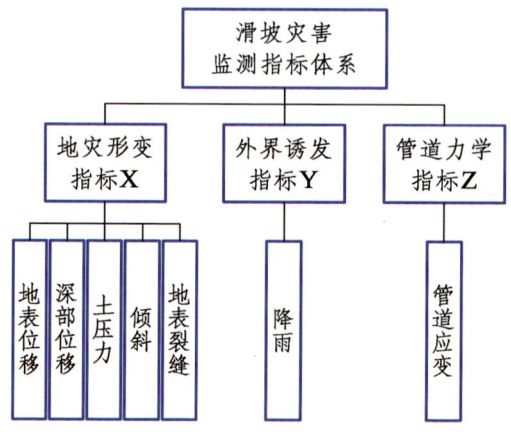

图 5.4　滑坡灾害监测关键指标体系

5.5　水毁灾害监测预警关键指标体系构建

水毁灾害的危险性评价因子主要包括：岸坡形态、河岸坡度、河沟纵坡降、地层岩性、河沟道变形、土体状态、24 h 最大降雨量、洪水位变幅、水流速度、管道埋深、管道防护等 11 个因子（见表 5.2）。由于水毁段管道敷设于水下，施工困难，管道应变监测安装困难，因此不考虑力学指标。根据监测对象的不同，水毁一级监测指标划分为两大类：地灾形变指标 X、外界诱发指标 Y。二级监测指标是在综合考虑一级监测指标类别与灾害危险性评价因子的基础上，结合目前监测数据易获取性进行确定的。

表 5.2 水毁灾害监测指标选取

危险性评价因子	一级监测指标	二级监测指标
岸坡形态	地灾形变指标 X	管道埋深
河岸坡度		
河沟纵坡降		
地层岩性		
河沟道变形		
土体状态		
24 h 最大降雨量	外界诱发指标 Y	水体流速
洪水位变幅		
水流速度		

通过地灾形变指标 X、外界诱发指标 Y 构建水毁灾害监测指标体系（见图 5.5）。其中，地灾形变指标 X 包括管道埋深；外界诱发指标 Y 包括水体流速。

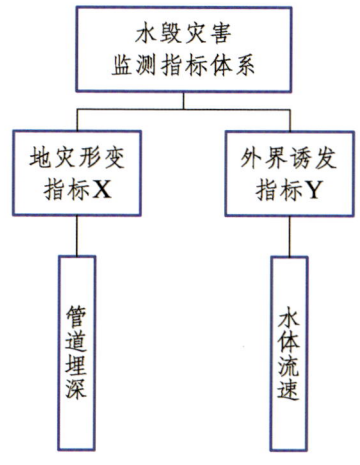

图 5.5 水毁灾害监测关键指标体系

5.6 采空区灾害监测预警关键指标体系构建

采空区灾害的危险性评价因子主要包括：地形起伏程度、微地貌特征、汇水面积、土体类型、土地利用类型、土体状态、变形特征、多年平均降雨量、管道埋深、管道防护等 10 个因子（见表 5.3）。根据监测对象的不同，灾害一级监测指标划分为三大类：地灾形变指标 X、外界诱发指标 Y、管道力学指标 Z。二级监测指标是在综合考虑一级监测指标类别与灾害危险性评价因子的基础上，结合目前监测数据易获取性进行确定的。

基于地灾形变指标 X、外界诱发指标 Y、管道力学指标 Z 构建采空区灾害监测指标体系（见图 5.6）。其中，地灾形变指标 X 包括地表位移、分层沉降、地表裂缝；外界诱发指标 Y 包括地下水位；管道力学指标 Z 包括管道应变。

表 5.3 采空区灾害监测指标选取

危险性评价因子	一级监测指标	二级监测指标
地形起伏程度	地灾形变指标 X	地表位移 分层沉降 地表裂缝
微地貌特征		
汇水面积		
土体类型		
土地利用类型		
土体状态		
变形特征		
多年平均降雨量	外界诱发指标 Y	地下水位
管道埋深	管道力学指标 Z	管道应变
管道防护		

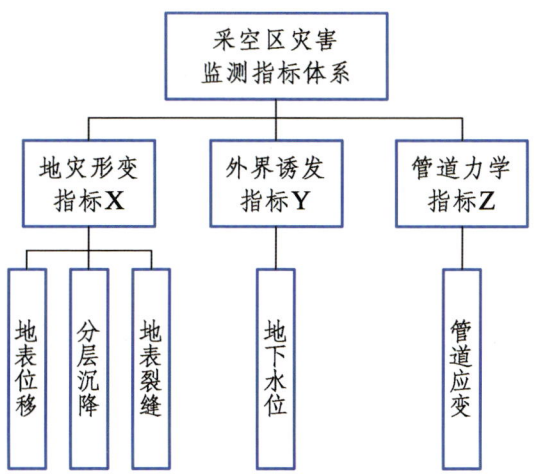

图 5.6 采空区灾害监测关键指标体系

> 基于地灾形变指标 X、外界诱发指标 Y、管道力学指标 Z 的滑坡、水毁、采空区灾害监测关键指标体系，结合工程实际，构建滑坡、水毁、采空区灾害一维预警预报模型、二维预警预报模型、三维预警预报模型。

6.1 管道地质灾害监测预警系统总体架构和工作流程

6.1.1 管道地质灾害监测预警系统总体架构

管道地质灾害监测系统主要通过布设的监测仪器获得地质灾害体变形、降雨、管道应变等监测数据，自动采集装置采集后利用数据传输系统（GPRS、北斗通讯等）传输至后台控制系统，控制系统对数据进行自动处理、分析，当地质灾害体变形、降雨量等综合预警参数超过预设的预警级别时，系统自动发出警报，提醒相关负责人及现场工作人员采取相应的措施。管道地质灾害监测预警系统总体架构示意图如图6.1所示。

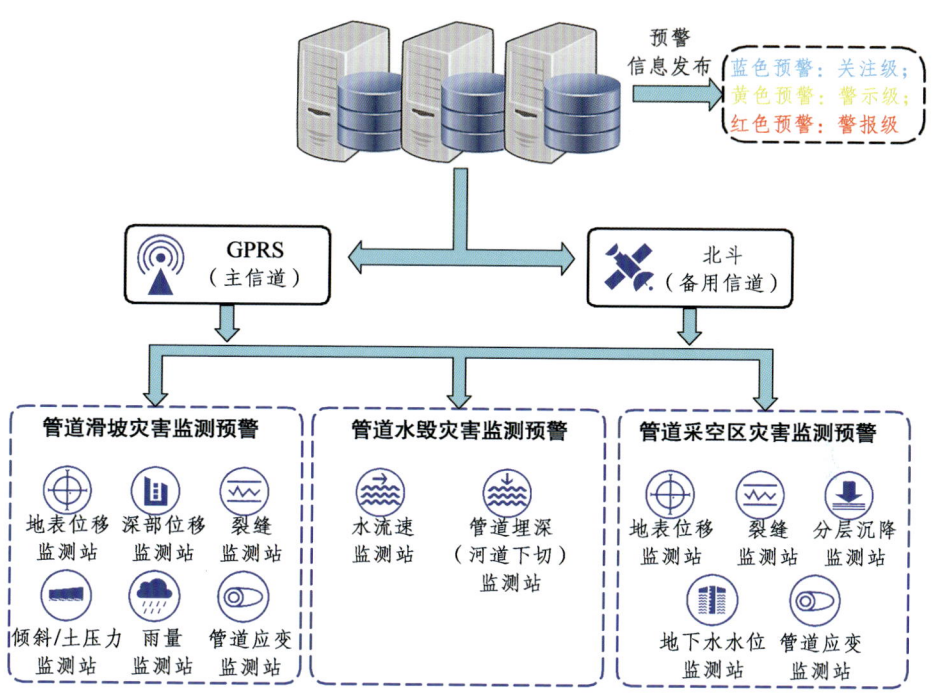

图 6.1 管道地质灾害监测预警系统总体架构图

6.1.2 管道地质灾害监测预警工作流程

结合灾害体实际情况，综合考虑灾害本体形变、外界诱发因素、管道力学形变等影响，根据实际情况开展现场监测工作建设。管道地质灾害监测预警工作流程参见图 6.2，具体步骤如下：

步骤一：开展管道地质灾害野外踏勘，进行地质灾害的调查与测绘，调绘内容包括：灾害范围、规模、地形条件、地质条件、变形特征、与管道的位置关系等。

步骤二：根据管道地质灾害调绘成果，开展自动化监测站布设设计。

步骤三：根据自动化监测站布设设计，开展监测站现场施工与设备调试。

步骤四：现场监测数据实时回传地质灾害监测预警平台。通过预警模型算法，分析地质灾害发展变化趋势，实现灾害预警信息的及时发布。

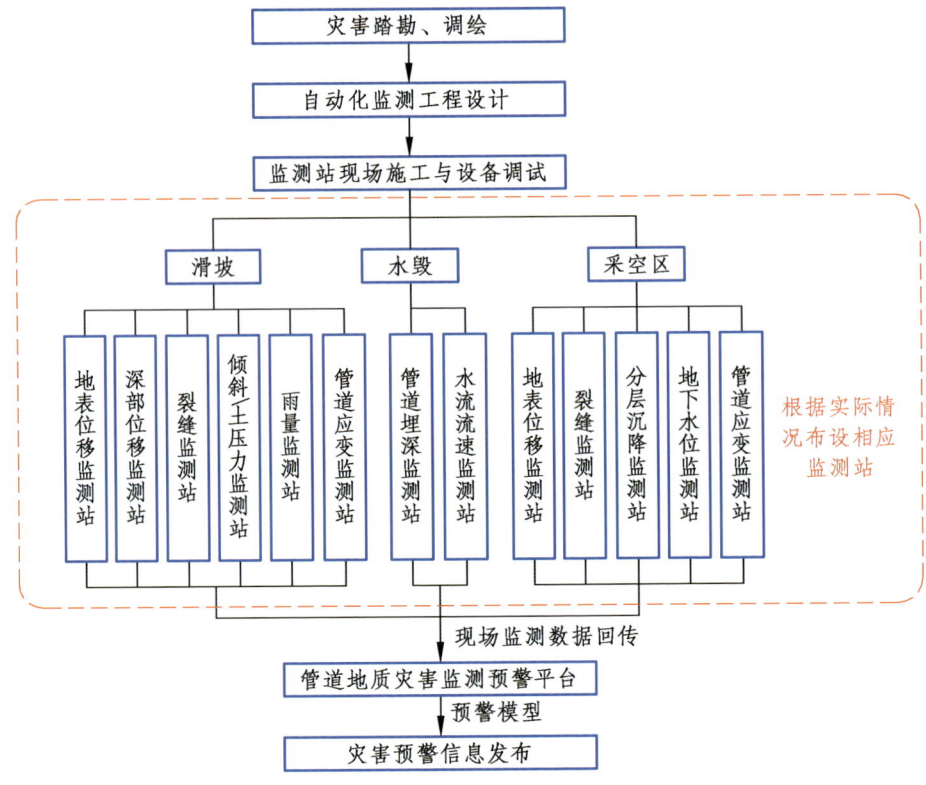

图 6.2　管道地质灾害监测预警流程图

6.1.3　管道地质灾害预警预报分级

管道地质灾害预警级别共分为 3 级：关注级、警示级、警报级，并分别以蓝色、黄色、红色为标志。

——蓝色预警：关注级；

——黄色预警：警示级；

——红色预警：警报级。

6.2 滑坡灾害预警预报模型

6.2.1 滑坡灾害监测工程设计

开展管道滑坡灾害野外踏勘，进行管道滑坡灾害的调查与测绘，调绘内容包括：滑坡范围、规模、地形条件、地质条件、变形特征、与管道的位置关系等。根据滑坡灾害调绘成果，开展自动化监测站布设设计，主要包括以下三方面。

1）地灾形变指标 X 工程设计

在滑坡区潜在变形最大处布设深部位移监测站、地表位移监测站，用于监测滑坡形变的深部位移和地表位移，如图 6.3、图 6.4 所示。在典型滑坡裂缝处布设裂缝监测站（见图 6.5）；在坡体水工堡坎处布设倾斜/土压力监测站（见图 6.6）。

2）外界诱发指标 Y 工程设计

在滑坡区附近无遮盖的稳定区域布设雨量监测站，用于监测区域降雨情况，如图 6.7 所示。

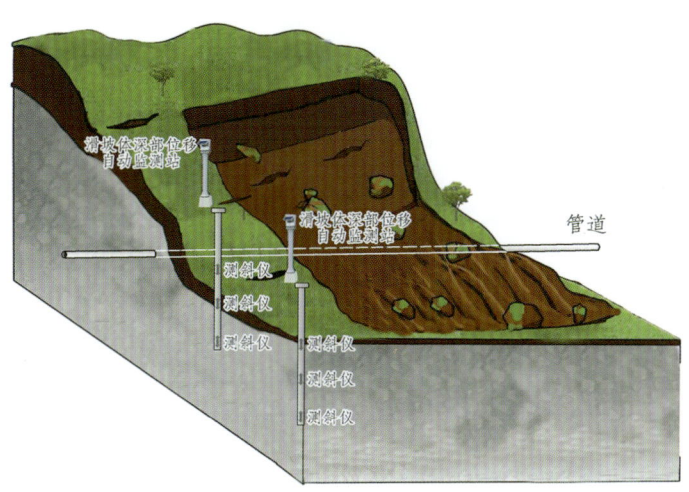

图 6.3　滑坡体深部位移监测站布设示意图

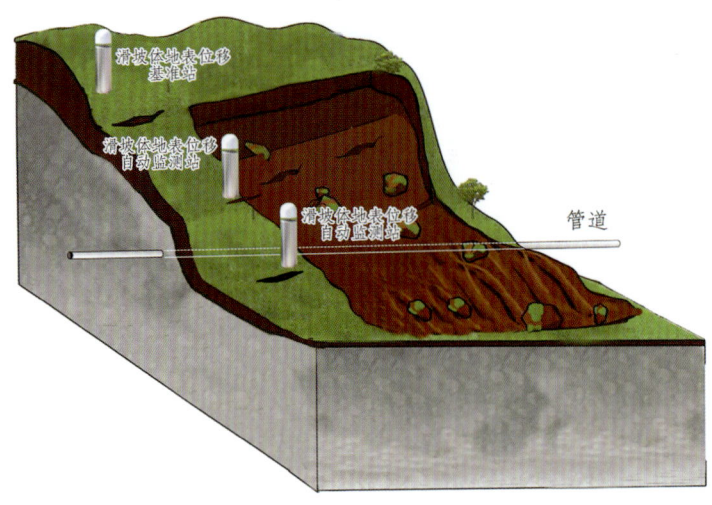

图 6.4　滑坡体地表位移监测站布设示意图

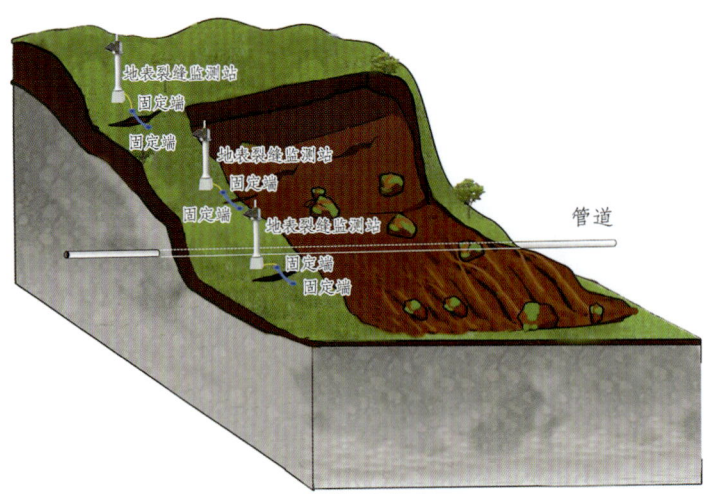

图 6.5　滑坡体地表裂缝监测站布设示意图

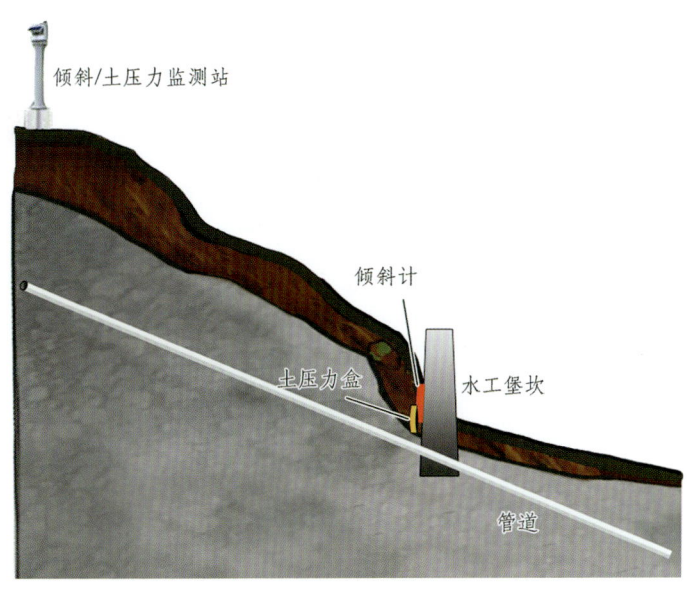

图 6.6 坡体水工堡坎倾斜/土压力监测站布设示意图

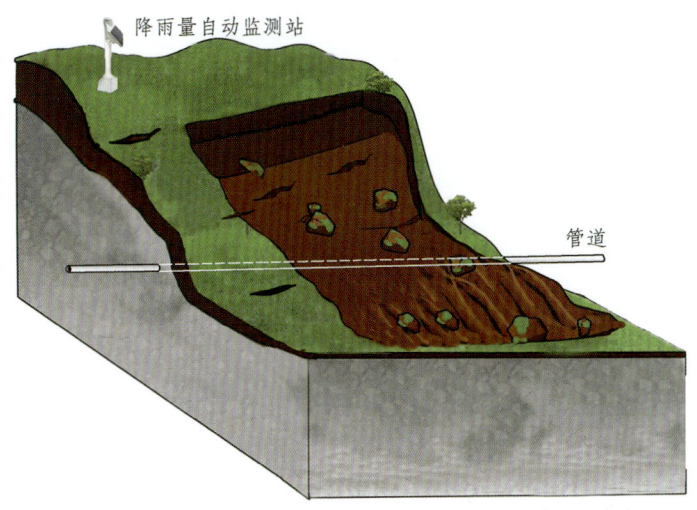

图 6.7 雨量监测站布设示意图

3）管道力学指标之工程设计

在管道穿越滑坡区潜在受力最大处布设管道应变监测站，用于监测管道受力情况，如图 6.8 所示。

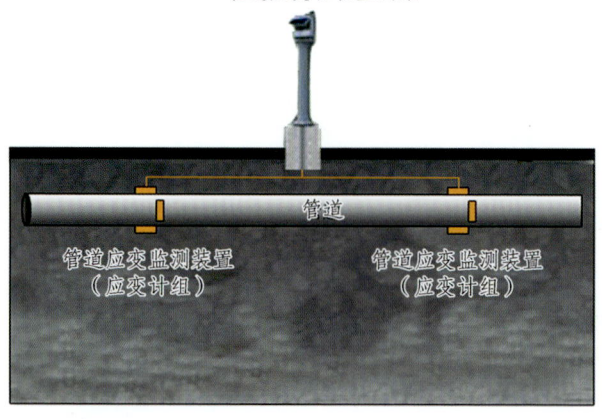

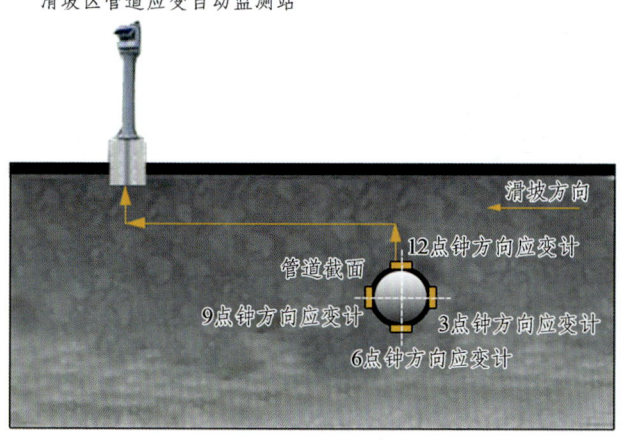

图 6.8 管道应变监测站布设示意图

6.2.2 滑坡灾害预警预报指标分级

根据监测对象的不同,将预警指标划分为三部分:滑坡形变指标 X(滑坡地表位移量 B、滑坡深部位移量 S、裂缝变化量 L、倾斜 Q/土压力 T、地表位移/深部位移/裂缝变化量/倾斜/土压变化曲线切线角 α);外界诱发指标 Y(雨强 I 与持续时间 T);管道力学指标 Z(管道应力监测值)。将各指标划分为三级(参见表 6.1)。

表 6.1　预警指标级别划分

指标分级	滑坡形变指标 X	外界诱发指标 Y	管道力学指标 Z
蓝色级	$X_{Blue}<X\leqslant X_{Yellow}$	$Y_{Blue}<Y\leqslant Y_{Yellow}$	$Z_{Blue}<Z\leqslant Z_{Yellow}$
黄色级	$X_{Yellow}<X\leqslant X_{Red}$	$Y_{Yellow}<Y\leqslant Y_{Red}$	$Z_{Yellow}<Z\leqslant Z_{Red}$
红色级	$X>X_{Red}$	$Y>Y_{Red}$	$Z>Z_{Red}$

1）滑坡形变指标 X

所述滑坡形变指标 X 由滑坡地表位移量 B、滑坡深部位移量 S、裂缝变化量 L、倾斜 Q/土压力 T、地表位移/深部位移/裂缝变化量/倾斜/土压变化曲线切线角 α 综合确定；几个指标中取最高指标判定级别作为滑坡形变指标 X 的级别（参见表 6.2）。

表 6.2　滑坡形变指标 X 级别划分标准

形变指标	蓝色级	黄色级	红色级
地表位移量 B	$B_1<B\leqslant B_2$	$B_2<B\leqslant B_3$	$B>B_3$
深部位移 S	$S_1<S\leqslant S_2$	$S_2<S\leqslant S_3$	$S>S_3$
裂缝变化量 L	$L_1<L\leqslant L_2$	$L_2<L\leqslant L_3$	$L>L_3$
倾斜 Q/土压力 T	$Q_1<Q\leqslant Q_2$	$Q_2<Q\leqslant Q_3$	$Q>Q_3$
地表位移/深部位移/裂缝变化量/倾斜/土压变化曲线切线角 α	$45°<\alpha\leqslant 80°$	$80°<\alpha\leqslant 85°$	$\alpha>85°$

表 6.2 中关于切线角获取算法，这里以地表位移切线角为例，其他切线角获取按此方法进行。由于监测曲线为位移 S-时间 t 的曲线，两坐标轴由于量纲不同，无法直接获取其切线角，此次研究采用了一种去量纲的改进切线角算法。具体方法如下：

如图 6.9 所示，滑坡位移 S-时间 t 曲线中各变形阶段曲线的主要差别在于曲线的斜率不同，总体变化规律为：在初始变形阶段，曲线斜率出现变化（初始起动），随后逐渐变小并趋于稳定；在匀速变形阶段，曲线斜率较为稳定，基本不发生变化；一旦进入加速变形阶段，曲线斜率不断增加，直至到滑坡发生前的临滑阶段，变形曲线接近于竖直，其斜率趋于无穷大。

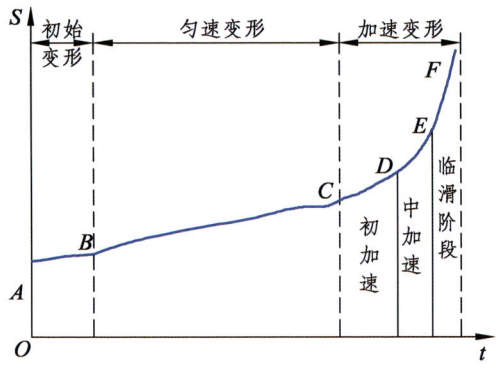

图 6.9 典型滑坡位移 S-时间 t 曲线及其变形阶段的划分

由于纵横坐标轴量纲不统一（1 个为变化量，1 个为时间），为了解决纵横坐标拉伸变化引起的切线角变化，可通过对 S-t 坐标系作适当的变换处理，使其纵横坐标的量纲一致。通过用取匀速变形阶段（见图 6.10）累计位移 S 除以 v 的办法将 S-t 曲线的纵坐标变换为与横坐标相同的时间量纲。即定义如下：

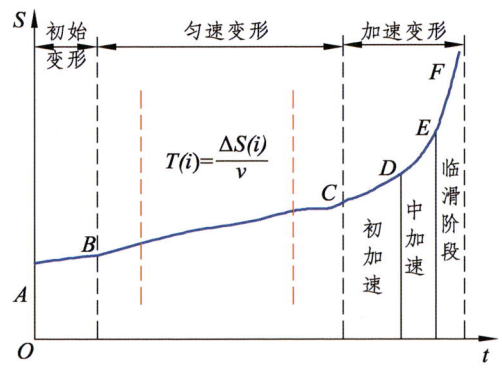

图 6.10 截取匀速变形阶段数据

$$T(i) = \frac{S(i)}{v} \quad (6.2.1)$$

其中　$S(i)$——匀速变形某一单位时间段（一般采用一个监测周期，如 1 天、1 周等）内斜坡累计位移量；

v——匀速变形阶段的位移速率；

$T(i)$——变换后与时间相同量纲的纵坐标值。

根据 T-t 曲线，可以得到改进的切线角 α_i（见图 6.11）的表达式：

$$\alpha_i = \arctan\frac{T(i)-T(i-1)}{t_i - t_{i-1}} = \frac{\Delta T}{\Delta t} \qquad (6.2.2)$$

其中　α_i——改进的切线角；

　　　t_i——某一监测时刻；

　　　Δt——与计算 S 时对应的单位时间段（一般采用一个监测周期，如 1 天、1 周等）；

　　　ΔT——单位时间段内 $T(i)$ 的变化量。

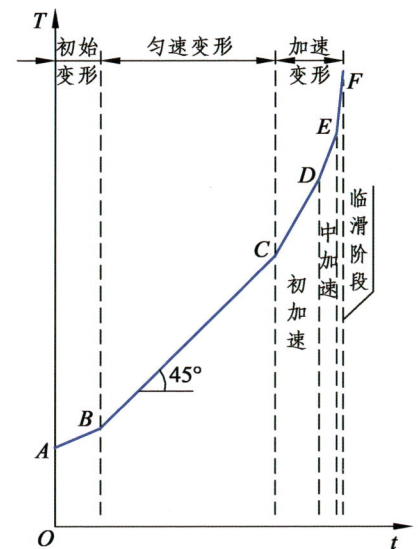

图 6.11　经无量纲变换后的滑坡 T-t 曲线

显然，根据上述定义：

当 α_i<45°，滑坡处于初始变形阶段；

当 α_i≈45°，滑坡处于等速变形阶段；

当 α_i>45°，滑坡处于加速变形阶段。

根据中长期预警模型确定等速变形速率，对自修正后的监测数据量纲变化处理，从 S-t 曲线转变成 T-t 曲线，数据修正和自学习预测后的完整数据套用 T-t 改进切线角预警模型，实现滑坡的短期动态预警预报。

2）外界诱发指标 Y

所述外界诱发指标 Y 的确定方法为：利用极限平衡分析法计算得到滑坡稳定性系数，分析降雨过程中稳定性系数的动态变化规律，建立滑坡的降雨指标分级。具体操作如下：

① 通过滑坡踏勘与调绘，获取滑坡典型剖面；

② 利用有限元分析软件模拟分析不同雨强条件下滑坡稳定性系数 K，反演出稳定性系数接近或处于不同稳定状态下的时刻对应雨强的持续时间；

③ 采用不同的雨强，重复②的操作，分析得到降雨强度 I-持续时间 T 曲线（I-T 曲线）；同时，给定不同的临界稳定状态条件，此例取稳定性系数 K=1，K=1.05，便可得到 K=1，K=1.05 条件下散点分布情况（见图 6.12），通过拟合得到对应的 I-T 曲线及其公式（见图 6.13）。

外界诱发指标 Y 就是根据监测降雨情况，将持续时间 T-雨强 I 组成的点对(T,I)代入以上持续时间 T-雨强 I 曲线函数（以上述案例 K=1，代入 I=-15.06ln（T）+88.913；K=1.05 时，代入 I=-16.79ln（T）+88.483），分析该条件下滑坡处于何种稳定性系数状态（见图 6.14），依此判别外界诱发指标 Y 的级别（参见表 6.3）。

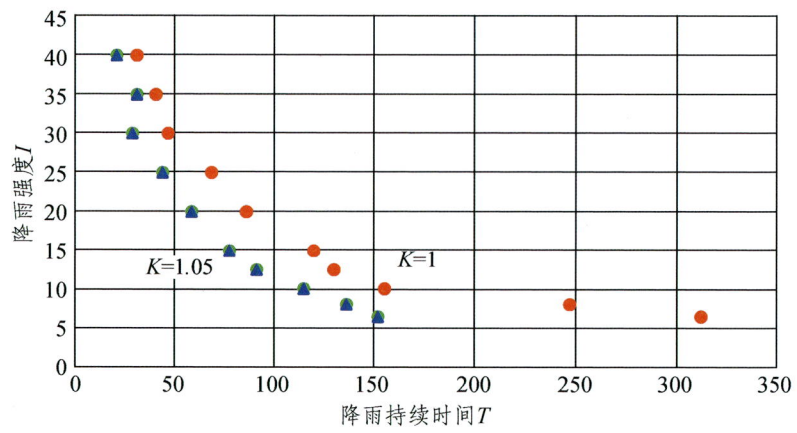

图 6.12 某滑坡 I-T 曲线与滑坡稳定性系数 K 散点图

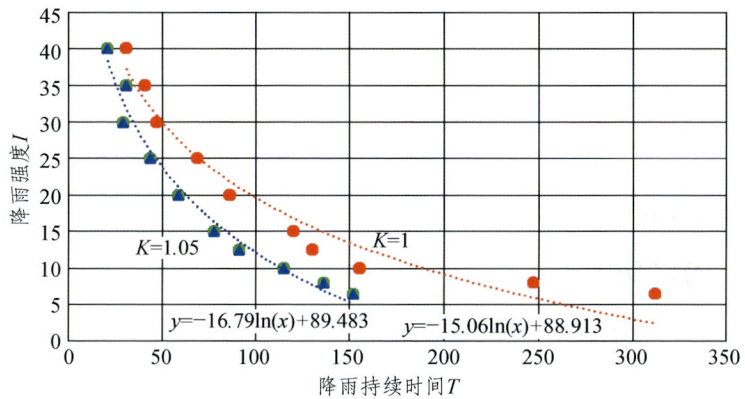

图 6.13　某滑坡 I-T 曲线与滑坡稳定性系数 K 之间的拟合曲线

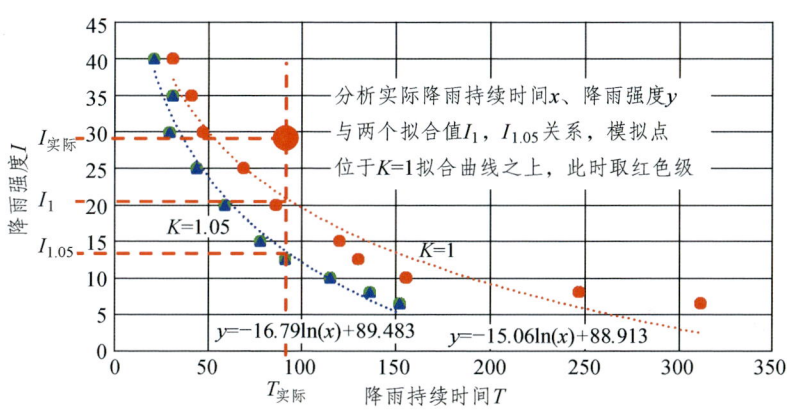

图 6.14　降雨级别判别案例

表 6.3　外界诱发指标 Y 级别划分标准

指标分级	持续时间 T-雨强 I 组成的点对（T, I）
蓝色级	点对（T, I）位于 K=1.05 拟合曲线之下
黄色级	点对（T, I）位于 K=1.05、K=1 拟合曲线之间
红色级	点对（T, I）位于 K=1 拟合曲线之上

3）管道力学指标 Z

所述管道力学指标 Z 的确定方法：根据管道应力曲线的切线角 α 判定级别确定管道力学指标 Z 的级别（参见表 6.4）。

· 127 ·

表 6.4　管道力学指标 Z 级别划分标准

指标分级	管道附加应力	管道总应力
蓝色级	$30\%\sigma_w < \sigma \leq 60\%\sigma_w$	$0.6[\sigma] < \sigma \leq 0.75[\sigma]$
黄色级	$60\%\sigma_w < \sigma \leq 90\%\sigma_w$	$0.75[\sigma] < \sigma \leq 0.9[\sigma]$
红色级	$\sigma > 90\%\sigma_w$	$\sigma > 0.9[\sigma]$

6.2.3　滑坡灾害预警预报模型构建

滑坡灾害的监测关键指标体系、预警预报分级是按照滑坡形变指标 X、外界诱发指标 Y、管道力学指标 Z 构建与划分的，但工程实际中，部分灾害仅做了其中一种或者两种类型的监测指标对应的设备。因此，需要结合工程实际，构建滑坡灾害一维预警预报模型、二维预警预报模型、三维预警预报模型。

1）滑坡灾害一维预警预报模型构建

滑坡灾害一维预警预报模型适用于一种类型的监测预警，包括三种类型：① 仅有地质灾害形变监测类型（滑坡形变指标 X）；② 仅有外界诱发因素监测类型（外界诱发指标 Y）；③ 仅有管道力学监测类型（管道力学指标 Z）。

（1）基于滑坡形变指标 X 的一维预警预报模型。

基于滑坡形变指标 X 的一维预警模型构建，由滑坡地表位移量 B、滑坡深部位移量 S、裂缝变化量 L、倾斜 Q/土压力 T、地表位移/深部位移/裂缝变化量/倾斜/土压变化曲线切线角 α 综合确定；几个指标中（根据实际情况有几个指标考虑几个指标）取最高指标判定级别作为滑坡预警预报的级别，以此构建基于滑坡形变指标 X 管道滑坡灾害一维预警模型（参见表 6.5）。

表 6.5　基于滑坡形变指标 X 管道滑坡灾害一维预警模型

形变指标	蓝色级	黄色级	红色级
地表位移量 B	$B_1 < B \leq B_2$	$B_2 < B \leq B_3$	$B > B_3$
深部位移 S	$S_1 < S \leq S_2$	$S_2 < S \leq S_3$	$S > S_3$

续表

形变指标	蓝色级	黄色级	红色级
裂缝变化量 L	$L_1 < L \leqslant L_2$	$L_2 < L \leqslant L_3$	$L > L_3$
倾斜 Q/土压力 T	$Q_1 < Q \leqslant Q_2$	$Q_2 < Q \leqslant Q_3$	$Q > Q_3$
地表位移曲线/深部位移曲线/裂缝变化量/倾斜/土压切线角 α	$45° < \alpha \leqslant 80°$	$80° < \alpha \leqslant 85°$	$\alpha > 85°$

注：表中 $B_1 \sim B_3$、$S_1 \sim S_3$、$L_1 \sim L_3$、$Q_1 \sim Q_3$、$T_1 \sim T_3$ 值为监测预警平台经过自学习自修正后的值。

（2）基于外界诱发指标 Y 的一维预警预报模型。

基于外界诱发指标 Y 的一维预警模型构建是根据监测降雨情况，将持续时间 T-雨强 I 组成的点对 (T,I) 代入以上持续时间 T-雨强 I 曲线函数，分析该条件下滑坡处于何种稳定性系数状态，依此判别外界诱发指标 Y 的级别，以此构建基于外界诱发指标 Y 管道滑坡灾害一维预警模型（参见表 6.6）。

表 6.6 基于外界诱发指标 Y 管道滑坡灾害一维预警模型

预警等级	持续时间 T-雨强 I 组成的点对（T,I）
蓝色级	点对（T,I）位于 $K=1.05$ 拟合曲线之下
黄色级	点对（T,I）位于 $K=1.05$、$K=1$ 拟合曲线之间
红色级	点对（T,I）位于 $K=1$ 拟合曲线之上

（3）基于管道力学指标 Z 的一维预警预报模型。

基于管道力学指标 Z 的一维预警模型构建是根据管道应力曲线的切线角 α 判定级别确定滑坡预警预报的级别，以此构建基于管道力学指标 Z 的管道滑坡灾害一维预警模型（参见表 6.7）。

表 6.7 基于管道力学指标 Z 管道滑坡灾害一维预警模型

指标分级	管道附加应力	管道总应力
蓝色级	$30\%\sigma_w < \sigma \leqslant 60\%\sigma_w$	$0.6[\sigma] < \sigma \leqslant 0.75[\sigma]$
黄色级	$60\%\sigma_w < \sigma \leqslant 90\%\sigma_w$	$0.75[\sigma] < \sigma \leqslant 0.9[\sigma]$
红色级	$\sigma > 90\%\sigma_w$	$\sigma > 0.9[\sigma]$

2）滑坡灾害二维预警预报模型构建

滑坡灾害二维预警预报模型适用于两种类型组合的监测预警，包括三种组合：①仅有地质灾害形变监测类型（滑坡形变指标 X）与外界诱发因素监测类型（外界诱发指标 Y）；②仅有地质灾害形变监测类型（滑坡形变指标 X）与管道力学监测类型（管道力学指标 Z）；③仅有外界诱发因素监测类型（外界诱发指标 Y）与管道力学监测类型（管道力学指标 Z）。

（1）基于滑坡形变指标 X 与外界诱发指标 Y 的二维预警预报模型。

基于滑坡形变指标 X 与外界诱发指标 Y 的二维预警模型构建，由滑坡地表位移量 B、滑坡深部位移量 S、裂缝变化量 L、倾斜 Q/土压力 T、地表位移/深部位移/裂缝变化量/倾斜/土压变化曲线切线角 α 取最高级别综合确定滑坡形变指标 X 级别；由监测降雨情况，将持续时间 T-雨强 I 组成的点对 (T, I) 代入以上持续时间 T-雨强 I 曲线函数，分析该条件下滑坡处于何种稳定性系数状态，依此判别外界诱发指标 Y 的级别；根据滑坡形变指标 X 与外界诱发指标 Y 构建二维预警矩阵判定级别确定滑坡预警预报的级别，以此构建基于滑坡形变指标 X 与外界诱发指标 Y 的管道滑坡灾害二维预警模型（参见图 6.15）。

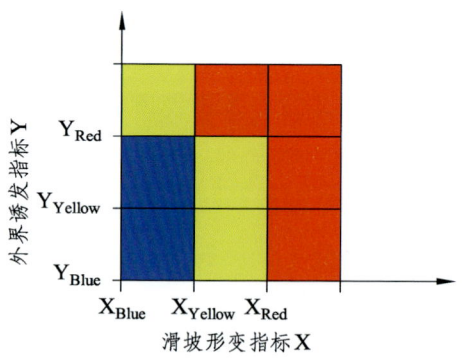

图 6.15 基于滑坡形变指标 X 与外界诱发指标 Y 的管道滑坡灾害二维预警模型

（2）基于滑坡形变指标 X 与管道力学指标 Z 的二维预警预报模型。由滑坡地表位移量 B、滑坡深部位移量 S、裂缝变化量 L、倾斜 Q/

土压力 T、地表位移/深部位移/裂缝变化量/倾斜/土压变化曲线切线角 α 综合确定滑坡形变指标 X 级别；根据监测的管道应力监测值判定级别综合确定管道力学指标 Z 级别；根据滑坡形变指标 X 与管道力学指标 Z 构建二维预警矩阵判定级别确定滑坡预警预报的级别，以此构建基于形变指标 X 与管道力学指标 Z 的管道滑坡灾害二维预警模型（参见图 6.16）。

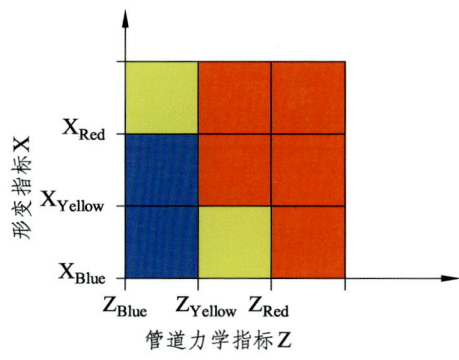

图 6.16　基于滑坡形变指标 X 与管道力学指标 Z 的
管道滑坡灾害二维预警模型

（3）基于外界诱发指标 Y 与管道力学指标 Z 的二维预警预报模型。

基于外界诱发指标 Y 与管道力学指标 Z 的二维预警模型构建，由监测降雨情况，将持续时间 T-雨强 I 组成的点对 (T, I) 带入以上持续时间 T-雨强 I 曲线函数，分析该条件下滑坡处于何种稳定性系数状态，依此判别外界诱发指标 Y 的级别；根据监测管道应力监测值判定级别综合确定管道力学指标 Z 级别；根据外界诱发指标 Y 与管道力学指标 Z 构建二维预警矩阵判定级别确定滑坡预警预报的级别，以此构建外界诱发指标 Y 与管道力学指标 Z 的管道滑坡灾害二维预警模型（参见图 6.17）。

3）滑坡灾害三维预警预报模型构建

滑坡灾害三维预警预报模型适用于包含三种类型组合的监测预警，通过构建基于滑坡形变指标 X、外界诱发指标 Y、管道力学指标 Z 的三维预警矩阵模型［见图 6.18（a）］，通过矩阵判别滑坡灾害预警等级：

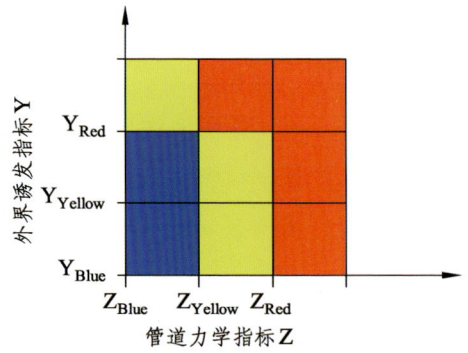

图 6.17　基于外界诱发指标 Y 与管道力学指标 Z 的管道滑坡灾害二维预警模型

（1）管道力学指标：$Z_{Blue} < Z \leqslant Z_{Yellow}$。

当管道力学指标介于 $Z_{Blue} < Z \leqslant Z_{Yellow}$ 之间时，管道受力达到了关注级，此时的预警等级综合考虑外界诱发指标、滑坡形变指标。预警等级模型参见图 6.18（b）。

（2）管道力学指标：$Z_{Yellow} < Z \leqslant Z_{Red}$。

当管道力学指标介于 $Z_{Yellow} < Z \leqslant Z_{Red}$ 之间时，管道受力达到了警示级，此时的预警等级综合考虑外界诱发指标、滑坡形变指标。预警等级模型参见图 6.18（c）。

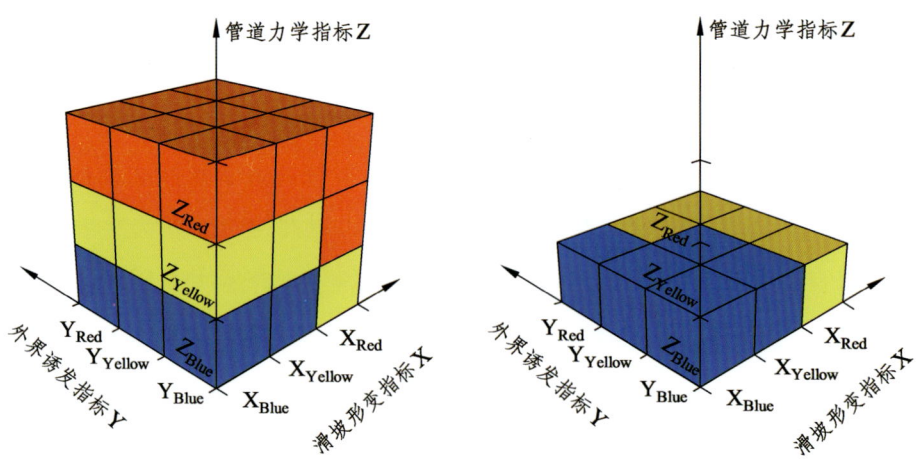

（a）管道地灾预警矩阵（整体）　（b）管道地灾预警矩阵（$Z_{Blue} < Z \leqslant Z_{Yellow}$）

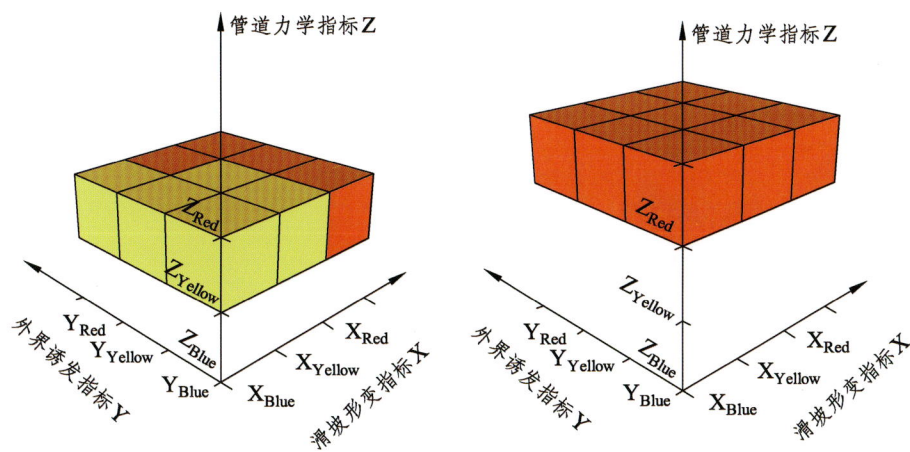

（c）管道地灾预警矩阵（$Z_{Yellow} < Z \leq Z_{Red}$）　　（d）管道地灾预警矩阵（$Z > Z_{Red}$）

图 6.18　管道滑坡灾害三维预警模型

（3）管道力学指标：$Z > Z_{Red}$。

当管道力学指标介于 $Z > Z_{Red}$ 之间时，管道受力达到了警报级，此时的预警等级不论外界诱发指标、滑坡形变指标达到何种等级，均触发警报级。预警等级模型参见图 6.18（d）。

6.3　水毁灾害预警预报模型

6.3.1　水毁灾害监测工程设计

开展管道水毁灾害野外踏勘，进行水毁灾害的调查与测绘，调绘内容包括：管道穿越河沟道段目前埋深、水毁变形特征、河沟道水文地质条件、与管道的位置关系等。根据水毁灾害调绘成果，开展自动化监测站布设设计，主要包括以下三方面。

1）地灾形变指标 X 工程设计

在河道水毁管道埋深最浅处沿着管道上下游方向梅花桩式布设管道埋深（河道下切）监测站，用以实时监测管道的埋深，如图 6.19 所示。

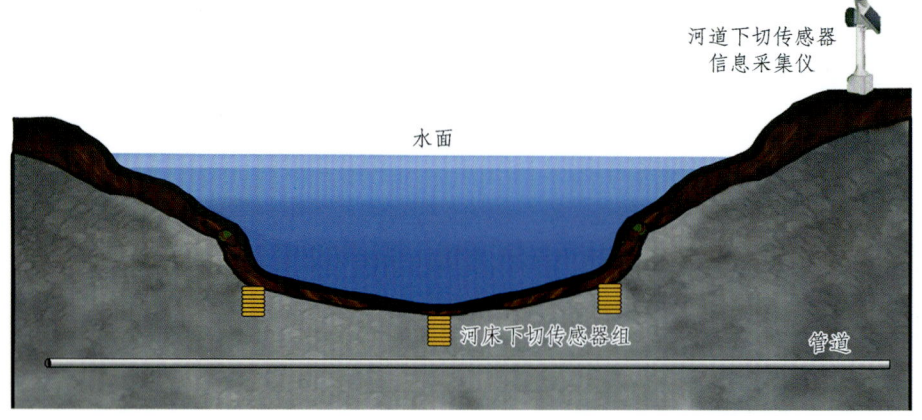

图 6.19 管道埋深（河道下切）监测站布设示意图

2）外界诱发指标 Y 工程设计

在河道流速最大处处布设河道流速监测装置用于监测河沟道水毁流速，如图 6.20 所示。

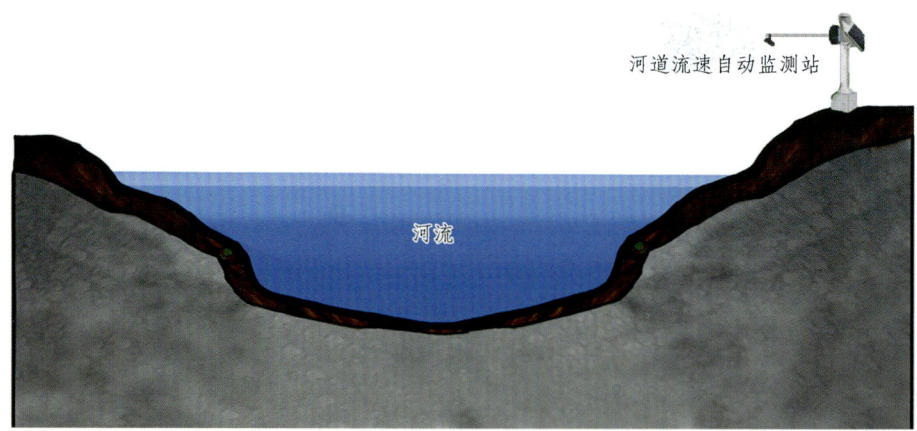

图 6.20 河沟道水流速监测站布设示意图

6.3.2 水毁灾害预警预报指标分级

此次研究的水毁灾害主要是指对管道威胁较大的河沟道水毁灾害，由于河沟道水毁灾害应力应变监测实施困难，一般不做对应的监测，因此不考虑管道力学指标。根据监测对象的不同,将预警指标划分为两个部分:水毁灾害形变指标 X(管道当前埋深 S,即河道下切量),外界诱发指标 Y(河沟道水流速)。将各指标划分为三级(参见表6.8)。

表6.8 预警指标级别划分

指标分级	水毁形变指标 X	外界诱发指标 Y
蓝色级	$X_{Blue} < X \leqslant X_{Yellow}$	$Y_{Blue} < Y \leqslant Y_{Yellow}$
黄色级	$X_{Yellow} < X \leqslant X_{Red}$	$Y_{Yellow} < Y \leqslant Y_{Red}$
红色级	$X > X_{Red}$	$Y > Y_{Red}$

1)水毁形变指标 X

所述水毁形变指标 X 由管道当前埋深 S 确定;根据下切量对应的分级确定水毁形变指标 X 的级别(参见表6.9)。

表6.9 水毁形变指标 X 级别划分标准

指标分级	管道当前埋深 S
蓝色级	$S_2 < S \leqslant S_1$
黄色级	$S_3 < S \leqslant S_2$
红色级	$S \leqslant S_3$

注:表中 S_1、S_2、S_3 取值参考表6.11。

表6.9中 S_1、S_2、S_3 的取值按照监测工程实施时管道埋深情况及《油气输送管道穿越工程设计规范》(GB 50423—2013)中管沟法穿越埋深要求(见表6.10)综合取值,当监测工程实施时管道埋深超过3.5 m时(按照常规监测深度为 2 m 考虑),$S_1/S_2/S_3$ 取值按照管道施工期间管道埋深下切20%、40%、60%设置对应的预警指标(见表6.11);当监测工程实施时管道埋深不足3.5 m时,按照《油气输送管道穿越工程设计规范》(GB 50423—2013)中管沟法穿越管段的最小埋深要求,S_1、S_2、S_3 取值参考表6.11。

表 6.10 管沟法穿越管段的最小埋深　　　　　　　　　　单位：m

水域情况	大型	中型	小型
有冲刷或疏浚的水域，应在设计洪水冲刷线下或设计疏浚线下，取其深者	≥1.5	≥1.2	≥1.0
无冲刷或疏浚的水域，应埋在水床底面以下	≥1.5	≥1.3	≥1.0
河床为基岩，并在设计洪水下不被冲刷时，管段应嵌入基岩深度	≥0.8	≥0.6	≥0.5

表 6.11 管道当前埋深分级值 S_1、S_2、S_3 取值参考表

管道当前埋深分级值	监测工程实施时管道埋深 $S<3.5$ m									监测工程实施时管道埋深 $S≥3.5$ m
	有冲刷或疏浚的水域，应在设计洪水冲刷线下或设计疏浚线下，取其深者			无冲刷或疏浚的水域，应埋在水床底面以下			河床为基岩，并在设计洪水下不被冲刷时，管段应嵌入基岩深度			
	大型	中型	小型	大型	中型	小型	大型	中型	小型	
S_1	$S-(S-1.5)×0.2$	$S-(S-1.2)×0.2$	$S-(S-1)×0.2$	$S-(S-1.5)×0.2$	$S-(S-1.3)×0.2$	$S-(S-1)×0.2$	$S-(S-0.8)×0.2$	$S-(S-0.6)×0.2$	$S-(S-0.5)×0.2$	$S×80\%$
S_2	$S-(S-1.5)×0.4$	$S-(S-1.2)×0.4$	$S-(S-1)×0.4$	$S-(S-1.5)×0.4$	$S-(S-1.3)×0.4$	$S-(S-1)×0.4$	$S-(S-0.8)×0.4$	$S-(S-0.6)×0.4$	$S-(S-0.5)×0.4$	$S×60\%$
S_3	1.5	1.2	1.0	1.5	1.3	1.0	0.8	0.6	0.5	$S×40\%$

2）外界诱发指标 Y

外界诱发指标 Y 就是根据监测河沟道水流流速 L 确定流速对应的级别确定外界诱发指标 Y 的级别（参见表 6.12）。

表 6.12 外界诱发指标 Y 级别划分标准

指标分级	水流流速 L
蓝色级	$L_1<L≤L_2$
黄色级	$L_2<L≤L_3$
红色级	$L≥L_3$

注：表中流速 L_1、L_2、L_3 按照河床的岩土组成综合取值，取值参考图 6.21。

6.3.3 水毁灾害预警预报模型构建

水毁灾害的监测关键指标体系、预警预报分级是按照水毁形变指标 X、外界诱发指标 Y 构建与划分的，但工程实际中，部分灾害仅布设其中一种类型的监测指标对应的设备。因此，需要结合工程实际，构建水毁灾害一维预警预报模型、二维预警预报模型。

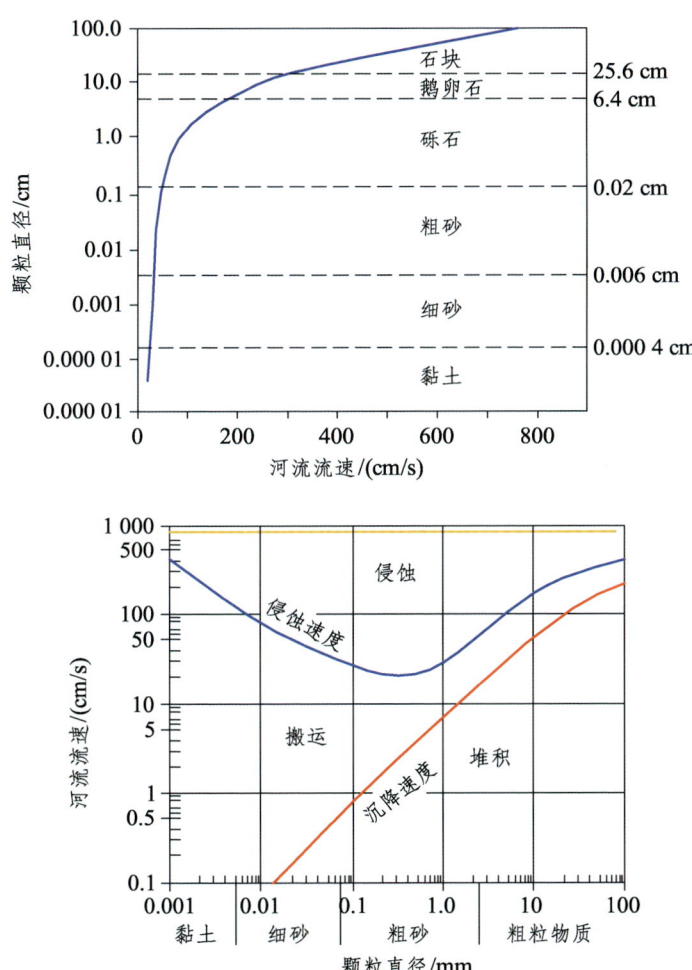

图 6.21 河流流速与颗粒粒径侵蚀、堆积、搬运条件参考图

1）水毁灾害一维预警预报模型构建

水毁灾害一维预警预报模型适用于一种类型的监测预警，包括两种情况：①仅有地质灾害形变监测类型（水毁形变指标 X）；②仅有外界诱发因素监测类型（外界诱发指标 Y）。

（1）基于水毁形变指标 X 的一维预警预报模型。

以管道埋深为指标进行水毁灾害预警预报等级的划分，构建基于形变指标 X 的管道水毁灾害一维预警模型（参见表 6.13）。

表 6.13　基于水毁形变指标 X 管道水毁灾害一维预警预报模型

预警等级	管道当前埋深 S
蓝色级	$S_1 < S \leqslant S_2$
黄色级	$S_2 < S \leqslant S_3$
红色级	$S > S_3$

注：表中 S_1、S_2、S_3 取值参考表 6.11。

（2）基于外界诱发指标 Y 的一维预警预报模型。

以水流流速为指标进行外界诱发指标 Y 预警预报等级的划分，构建基于外界诱发指标 Y 的管道水毁灾害一维预警模型（参见表 6.14）。

表 6.14　基于外界诱发指标 Y 管道水毁灾害一维预警模型

预警等级	水流流速 L
蓝色级	$L_1 < L \leqslant L_2$
黄色级	$L_2 < L \leqslant L_3$
红色级	$L \geqslant L_3$

注：表中流速 L_1、L_2、L_3 按照河床的岩土组成综合取值，取值参考图 6.21。

2）水毁灾害二维预警预报模型构建

水毁灾害二维预警预报模型适用于同时有水毁形变指标 X 与外界诱发指标 Y 两种类型的监测预警（参见图 6.22）。

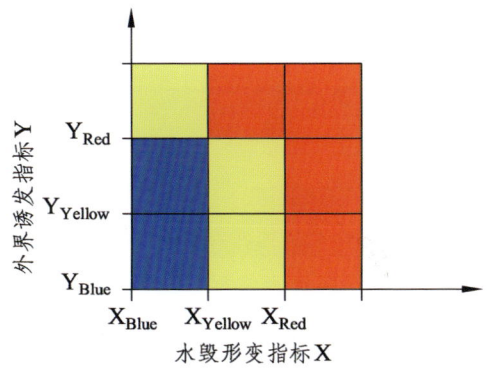

图 6.22 基于水毁形变指标 X 与外界诱发指标 Y 的
管道水毁灾害二维预警模型

6.4 采空区灾害预警预报模型

6.4.1 采空区灾害监测工程设计

开展管道采空区灾害野外踏勘，进行管道采空区灾害的调绘，内容包括：采空区范围、规模、地形条件、地质条件、变形特征、与管道的位置关系等。根据调绘成果，开展自动化监测站布设设计，主要包括：

1）地灾形变指标 X 监测工程设计

在采空区变形范围内合理布设分层沉降监测站、地表位移监测站，用于监测采空区的分层沉降量和地表位移量，如图 6.23、图 6.24 所示；在典型沉降裂缝处布设裂缝监测站，如图 6.25 所示。

图 6.23 采空区分层沉降监测站布设示意图

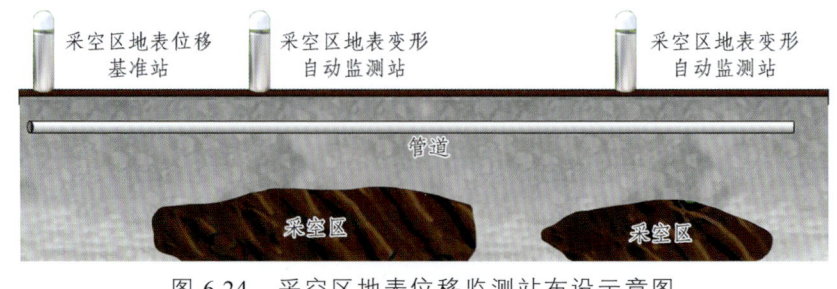

图 6.24 采空区地表位移监测站布设示意图

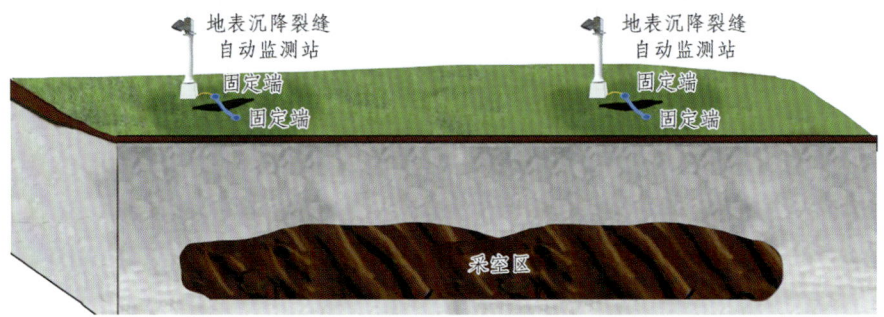

图 6.25 采空区沉降裂缝监测站布设示意图

2）外界诱发指标 Y 监测工程设计

采空区失稳塌陷，其间接表现为地下水位突降，可观测地下水位变化情况可以反映外界诱发因素对采空区的影响，因此在采空区上方塌陷处布设地下水水位监测站，用于监测地下水水位变化情况，如图 6.26 所示。

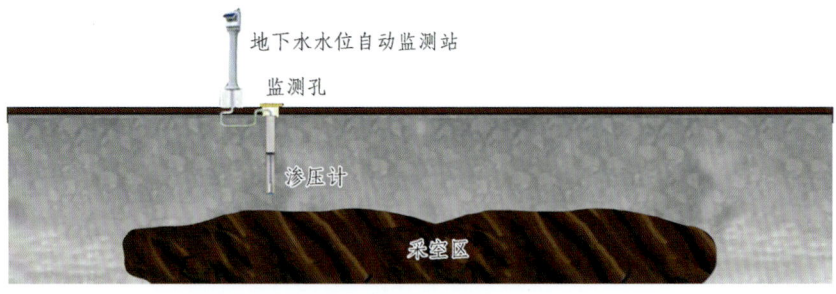

图 6.26 地下水水位监测站布设示意图

3）管道力学指标 Z 监测工程设计

在管道穿越采空区变形范围内合理布设管道应变监测站（管道每个截面布设 4 个应变计），用于监测管道受力情况，如图 6.27 所示。

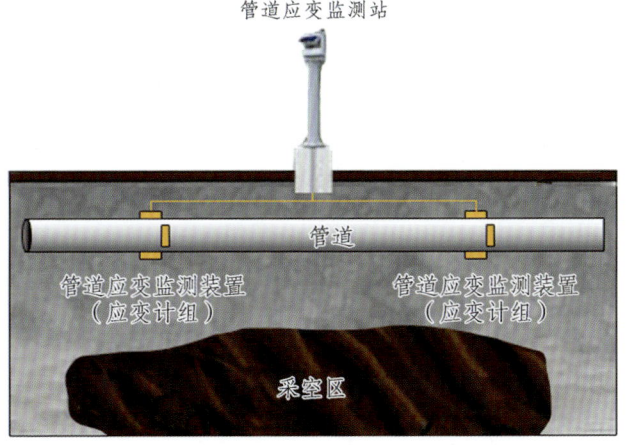

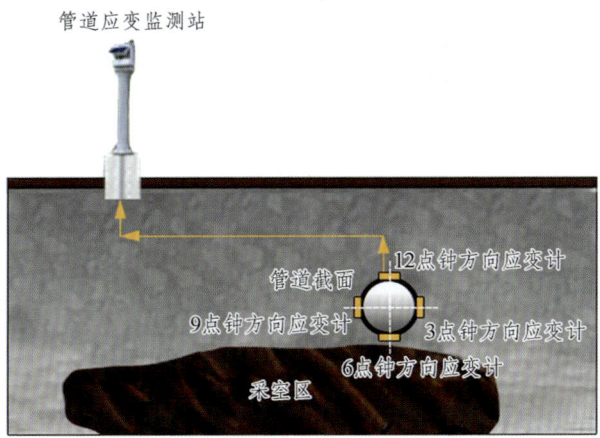

图 6.27 管道应变监测站布设示意图

6.4.2 采空区灾害预警预报指标分级

根据监测类型的不同,将预警指标划分为三部分:采空区形变指标 X(采空区地表位移量 B、采空区分层沉降量 C、沉降裂缝变化量 L、地表位移/分层沉降量/裂缝变化量曲线切线角 α)、外界诱发指标 Y(地下水水位变幅 S)和管道力学指标 Z(管道应力值 σ),将各指标划分为三级(参见表 6.15)。

表 6.15　预警指标级别划分

指标分级	采空区形变指标 X	外界诱发指标 Y	管道力学指标 Z
蓝色级	$X_{Blue} < X \leq X_{Yellow}$	$Y_{Blue} < Y \leq Y_{Yellow}$	$Z_{Blue} < Z \leq Z_{Yellow}$
黄色级	$X_{Yellow} < X \leq X_{Red}$	$Y_{Yellow} < Y \leq Y_{Red}$	$Z_{Yellow} < Z \leq Z_{Red}$
红色级	$X > X_{Red}$	$Y > Y_{Red}$	$Z > Z_{Red}$

1）采空区形变指标 X

所述采空区形变指标 X 由采空区地表位移量 B、采空区分层沉降量 C、沉降裂缝变化量 L 综合确定，取几个指标中最高级别作为采空区形变指标 X 的级别（参见表 6.16）。

表 6.16　采空区形变指标 X 级别划分标准

形变指标	蓝色级	黄色级	红色级
地表位移量 B	$B_1 < B \leq B_2$	$B_2 < B \leq B_3$	$B > B_3$
分层沉降量 C	$C_1 < C \leq C_2$	$C_2 < C \leq C_3$	$C > C_3$
沉降裂缝变化量 L	$L_1 < L \leq L_2$	$L_2 < L \leq L_3$	$L > L_3$

穿越不同采空区时，管道穿越长度不同，其形变指标及预警值各不相同。此处以 X80 管材、外径 1 016 mm、壁厚 15.7 mm、设计运行内压 10 MPa 为例，运用 ABAQUS 有限元软件，计算得到不同沉陷长度下管道达到屈服和警报级阶段的土体位移值和管道危险位置（参见表 6.17）。

表 6.17　不同沉陷长度下管道预警位移和极限位移

长度/m	预警位移/m	$90\%\sigma_s$/MPa	危险位置	极限位移/m	σ_s/MPa
10	0.086 31	499.5	跨中	0.095 9	555
15	0.089 869	499.5	跨中	0.117 4	555
20	0.170 707	499.5	跨中	0.201 8	555
25	0.208 301	499.5	跨中	0.254 8	555
30	0.234 499	499.5	两端	0.289 1	555
35	0.320 673	499.5	两端	0.312 6	555

续表

长度/m	预警位移/m	90%σ_s/MPa	危险位置	极限位移/m	σ_s/MPa
40	0.291 824	499.5	两端	0.358 7	555
45	0.317 84	499.5	两端	0.392 8	555
50	0.346 785	499.5	两端	0.430 7	555
55	0.376 694	499.5	两端	0.465 8	555
60	0.407 08	499.5	两端	0.501 9	555
65	0.438 752	499.5	两端	0.542 1	555
70	0.469 605	499.5	两端	0.580 3	555
75	0.502 118	499.5	两端	0.618 5	555
80	0.533 167	499.5	两端	0.659 3	555
85	0.566 618	499.5	两端	0.704 1	555
90	0.615 733	499.5	两端	0.741 9	555
95	0.632 364	499.5	两端	0.781 9	555
100	0.684 386	499.5	两端	0.826 8	555
110	0.723 641	499.5	两端	0.898 5	555
120	0.791 673	499.5	两端	0.973 6	555
130	0.853 543	499.5	两端	1.06	555
140	0.919 16	499.5	两端	1.141	555
150	0.984 755	499.5	两端	1.23	555
160	1.050 563	499.5	两端	1.303	555
170	1.117 516	499.5	两端	1.392	555
180	1.184	499.5	两端	1.471	555
190	1.251 133	499.5	两端	1.565	555
200	1.318 867	499.5	两端	1.646	555
210	1.368 933	499.5	两端	1.699	555
220	1.435	499.5	两端	1.782	555
230	1.501 71	499.5	两端	1.87	555
240	1.567 452	499.5	两端	1.955	555
250	1.634 333	499.5	两端	2.039	555

续表

长度/mm	预警位移/m	90%σ_s/MPa	危险位置	预警位移/m	σ_s/MPa
260	1.700 7	499.5	两端	2.125	555
270	1.767 6	499.5	两端	2.201	555
280	1.834 655	499.5	两端	2.295	555
290	1.901 8	499.5	两端	2.375	555
300	1.969 333	499.5	两端	2.471	555

2）外界诱发指标 Y

采空区的外界诱发因素主要由地下矿产开采强度决定，同时降雨也是其中一个诱发因素，其表现为降雨入渗导致岩土体饱和，最终导致采空区失稳塌陷，其间接表现为地下水位突降。因此，可以通过监测采空区的地下水位变化情况反映外界诱发因素对采空区的影响。

外界诱发指标 Y 是根据监测地下水水位变化情况进行判别的（参见表 6.18）。

表 6.18　外界诱发指标 Y 级别划分标准

指标分级	地下水位变幅 h
蓝色级	$h_1 < h \leq h_2$
黄色级	$h_2 < h \leq h_3$
红色级	$h \geq h_3$

3）管道力学指标 Z

所述管道力学指标 Z 的确定方法为：根据监测附加应力值判定级别确定管道力学指标 Z 的级别（参见表 6.19）。

表 6.19　管道力学指标 Z 级别划分标准

指标分级	管道附加应力	管道总应力
蓝色级	$30\%\sigma_w < \sigma \leq 60\%\sigma_w$	$0.6[\sigma] < \sigma \leq 0.75[\sigma]$
黄色级	$60\%\sigma_w < \sigma \leq 90\%\sigma_w$	$0.75[\sigma] < \sigma \leq 0.9[\sigma]$
红色级	$\sigma > 90\%\sigma_w$	$\sigma > 0.9[\sigma]$

6.4.3 采空区灾害预警预报模型构建

采空区灾害的监测关键指标体系、预警预报分级是按照采空区形变指标 X、外界诱发指标 Y、管道力学指标 Z 构建与划分的，但工程实际中，部分灾害仅布设了其中一种或者两种类型的监测指标对应的设备。因此，结合实际情况构建采空区灾害一维预警预报模型、二维预警预报模型、三维预警预报模型。

1）采空区灾害一维预警预报模型构建

采空区灾害一维预警预报模型适用于仅有一种监测类型的预警，包括三种情况：① 仅有地质灾害形变监测类型（采空区形变指标 X）；② 仅有外界诱发因素监测类型（外界诱发指标 Y）；③ 仅有管道力学监测类型（管道力学指标 Z）。

（1）基于采空区形变指标 X 的一维预警预报模型。

基于采空区形变指标 X 的一维预警模型构建，由采空区形变指标 X（采空区地表位移量 B、采空区分层沉降量 C、沉降裂缝变化量 L）综合确定；取几个指标中最高判定级别作为采空区预警预报的级别，以此构建基于形变指标 X 的管道采空区灾害一维预警模型（参见表6.20）。

表6.20 基于形变指标 X 的管道采空区灾害一维预警模型

形变指标 X	地表位移量 B	分层沉降量 C	沉降裂缝变化量 L
$X_{Blue} < X \leqslant X_{Yellow}$	蓝色级	蓝色级	蓝色级
$X_{Yellow} < X \leqslant X_{Red}$	黄色级	黄色级	黄色级
$X > X_{Red}$	红色级	红色级	红色级

（2）基于外界诱发指标 Y 的一维预警预报模型。

以地下水水位为指标进行外界诱发指标 Y 预警预报等级的划分，构建基于外界诱发指标 Y 的管道采空区灾害一维预警模型（参见表6.21）。

表 6.21　基于外界诱发指标 Y 的管道采空区灾害一维预警模型

外界诱发指标 Y	地下水位变幅 h
$Y_{Blue} < Y \leqslant Y_{Yellow}$	蓝色级
$Y_{Yellow} < Y \leqslant Y_{Red}$	黄色级
$Y > Y_{Red}$	红色级

（3）基于管道力学指标 Z 的一维预警预报模型。

以管道应力为指标进行管道力学指标 Z 预警预报等级的划分，构建基于管道力学指标 Z 的管道采空区灾害一维预警模型（参见表 6.22）。

表 6.22　基于管道力学指标 Z 的管道采空区灾害一维预警模型

指标分级	管道附加应力	管道总应力
蓝色级	$30\%\sigma_w < \sigma \leqslant 60\%\sigma_w$	$0.6[\sigma] < \sigma \leqslant 0.75[\sigma]$
黄色级	$60\%\sigma_w < \sigma \leqslant 90\%\sigma_w$	$0.75[\sigma] < \sigma \leqslant 0.9[\sigma]$
红色级	$\sigma > 90\%\sigma_w$	$\sigma > 0.9[\sigma]$

2）采空区灾害二维预警预报模型构建

采空区灾害二维预警预报模型适用于两种监测类型组合的预警，包括三种情况：① 地质灾害形变监测类型（采空区形变指标 X）与外界诱发因素监测类型（外界诱发指标 Y）；② 地质灾害形变监测类型（采空区形变指标 X）与管道力学监测类型（管道力学指标 Z）；③ 外界诱发因素监测类型（外界诱发指标 Y）与管道力学监测类型（管道力学指标 Z）。

（1）基于采空区形变指标 X 与外界诱发指标 Y 的二维预警预报模型。

取采空区地表位移量 B、采空区分层沉降量 C、沉降裂缝变化量 L 最高级别综合确定采空区形变指标 X 级别；根据监测地下水水位变化情况确定外界诱发指标 Y 的级别；根据采空区形变指标 X 与外界诱发指标 Y 构建二维预警矩阵判定级别确定采空区预警预报的级别，以此构建基于采空区形变指标 X 与外界诱发指标 Y 的管道采空区灾害二维预警模型（参见图 6.28）。

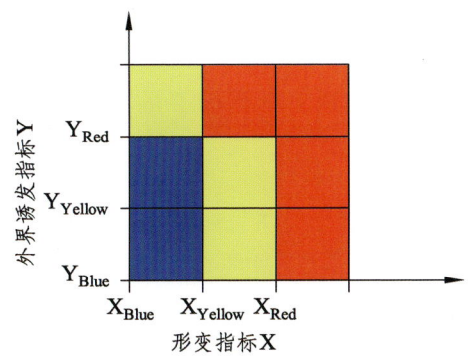

图 6.28　基于采空区形变指标 X 与外界诱发指标 Y 的
管道采空区灾害二维预警模型

（2）基于采空区形变指标 X 与管道力学指标 Z 的二维预警预报模型。

取采空区地表位移量 B、采空区分层沉降量 C、沉降裂缝变化量 L 最高级别综合确定采空区形变指标 X 级别；根据管道应力判定级别确定管道力学指标 Z 级别；根据采空区形变指标 X 与管道力学指标 Z 构建二维预警矩阵判定级别确定采空区预警预报的级别，以此构建基于形变指标 X 与管道力学指标 Z 的管道采空区灾害二维预警模型（参见图 6.29）。

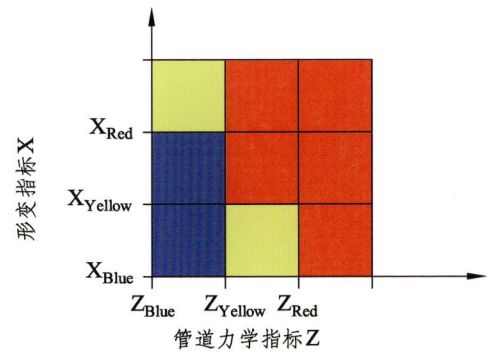

图 6.29　基于采空区形变指标 X 与管道力学指标 Z 的
管道采空区灾害二维预警模型

（3）基于外界诱发指标 Y 与管道力学指标 Z 的二维预警预报模型。

根据监测地下水水位变化情况确定外界诱发指标 Y 的级别；根据管

道应力判定级别确定管道力学指标 Z 级别；根据外界诱发指标 Y 与管道力学指标 Z 构建二维预警矩阵判定级别确定采空区预警预报的级别，以此构建外界诱发指标 Y 与管道力学指标 Z 的管道采空区灾害二维预警模型（参见图 6.30）。

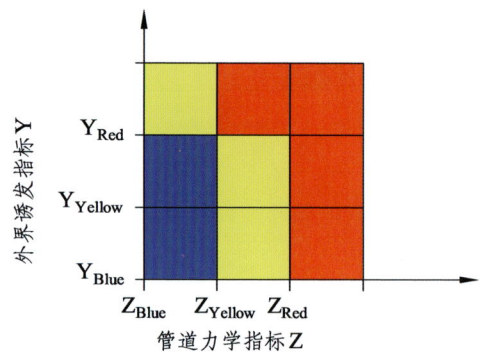

图 6.30　基于外界诱发指标 Y 与管道力学指标 Z 的
管道采空区灾害二维预警模型

3）采空区灾害三维预警预报模型构建

采空区灾害三维预警预报模型适用于包含 3 种监测类型组合的预警，构建基于采空区形变指标 X、外界诱发指标 Y、管道力学指标 Z 的三维预警矩阵模型[见图 6.31（a）]，通过矩阵判别采空区灾害预警等级。

（1）管道力学指标：$Z_{Blue} < Z \leqslant Z_{Yellow}$。

当管道力学指标介于 $Z_{Blue} < Z \leqslant Z_{Yellow}$ 时，管道受力达到了关注级，此时的预警等级综合考虑外界诱发指标、采空区形变指标，预警等级模型参见图 6.31（b）。

（2）管道力学指标：$Z_{Yellow} < Z \leqslant Z_{Red}$。

当管道力学指标介于 $Z_{Yellow} < Z \leqslant Z_{Red}$ 时，管道受力达到了警示级，此时的预警等级综合考虑外界诱发指标、采空区形变指标，预警等级模型参见图 6.31（c）。

（3）管道力学指标：$Z > Z_{Red}$。

当管道力学指标介于 $Z > Z_{Red}$ 时，管道受力达到了警报级，此时的预警等级综合考虑外界诱发指标、采空区形变指标，预警等级模型参见图6.31（d）。

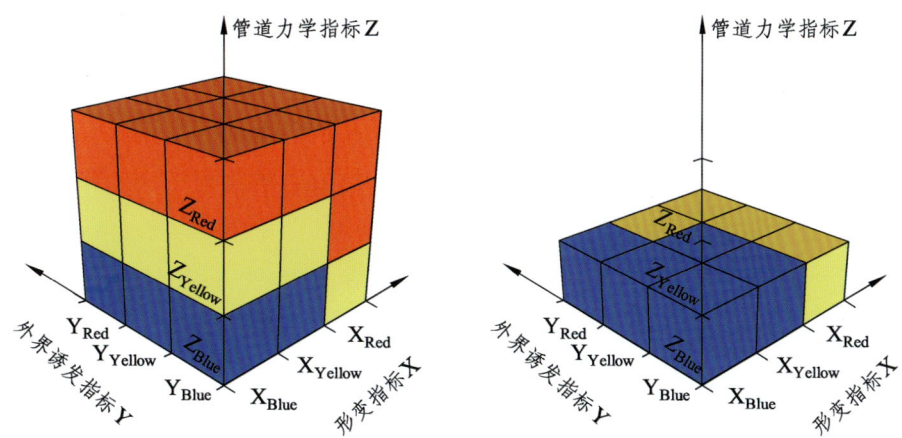

（a）管道地灾预警矩阵（整体）　　（b）管道地灾预警矩阵（$Z_{Blue}<Z \leqslant Z_{Yellow}$）

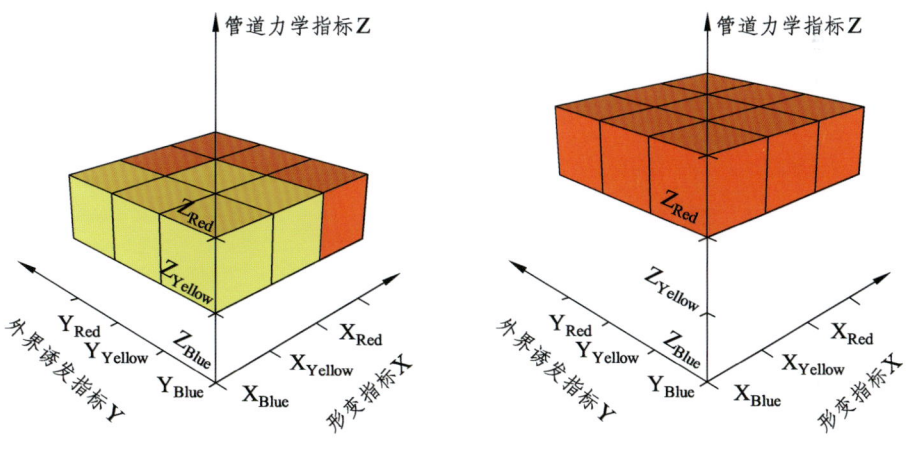

（c）管道地灾预警矩阵（$Z_{Yellow}<Z \leqslant Z_{Red}$）　　（d）管道地灾预警矩阵（$Z>Z_{Red}$）

图 6.31　管道采空区灾害三维预警模型

6.5 预警预报成果

6.5.1 某天然气管道某滑坡预警情况

管道从滑坡后部横穿而过,与主滑方向呈 50°斜交。滑坡平面形态呈圈椅状,滑坡后缘以斜坡陡坎为界,两侧边界以滑动时剪切裂隙为界,前缘剪出口位以黄土冲蚀沟为界,滑坡体所在坡面地形起伏不大,自然坡度约 15°~30°,坡向 260°,滑坡体纵向长 35 m,横向宽 55 m,平均滑体厚 3.0 m,总体积约 $0.6 \times 10^4 \text{ m}^3$,属小型滑坡。

该滑坡区域内布设了 3 座地表位移监测站、2 座管道应变监测站,并在滑坡区域外布设了 1 座雨量监测站与 1 座地表位移基准站。现场监测设备布设示意图如图 6.32 所示。

图 6.32 滑坡监测设备布设示意图

在 2020 第二季度的 6 月 4 日该点位发出警报级预警,现场人员与技术人员进行了现场复核。

2020 年 6 月 4 日，管道监测预警平台发布警报级预警信息（见图 6.33），预警原因为地表位移 03#设备 X 方向累计位移量大于 70 mm，地表位移切线角大于 85°。地表位移 03#设备监测数据及 T-t 曲线和切线角分布如图 6.34、图 6.35 所示，降雨监测数据如图 6.36 所示，雨强-持续时间分布如图 6.37 所示。管道应力监测值为 65.28 MPa，预警等级为关注级（见图 6.38），应力监测数据 T-t 曲线和切线角分布如图 6.39 所示。综合地表位移、降雨量、管道应力监测值，综合预警等级达到警报级。

图 6.33 管道监测预警平台发布预警信息

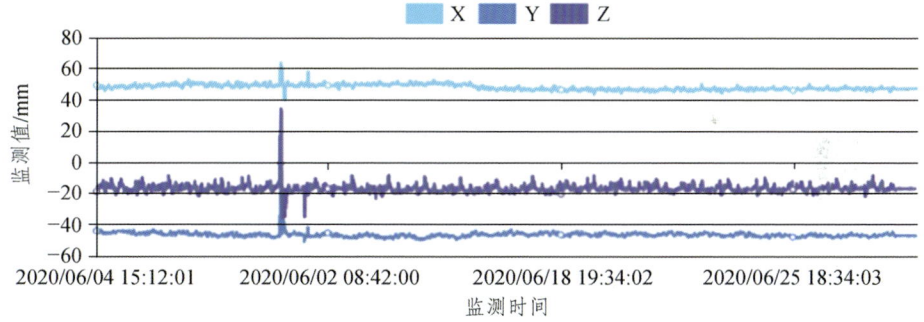

图 6.34 地表位移 03#点监测数据变化

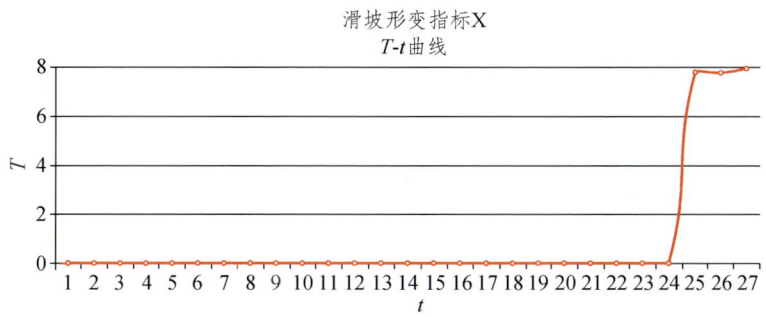

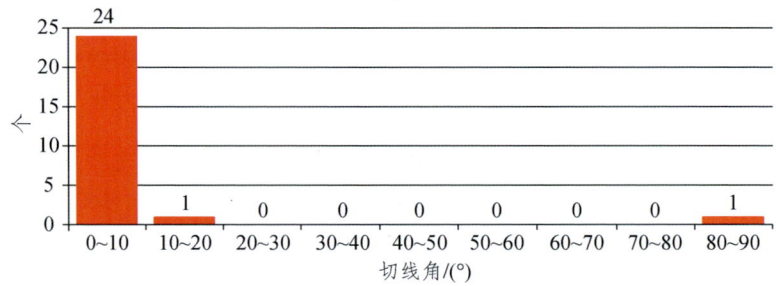

图 6.35 地表位移 03#点监测数据 T-t 曲线与切线角分布

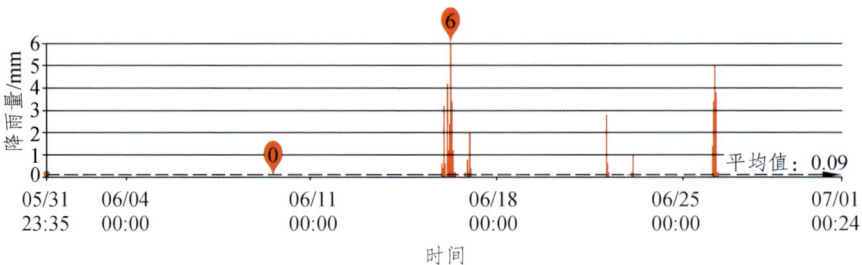

图 6.36 降雨量监测数据

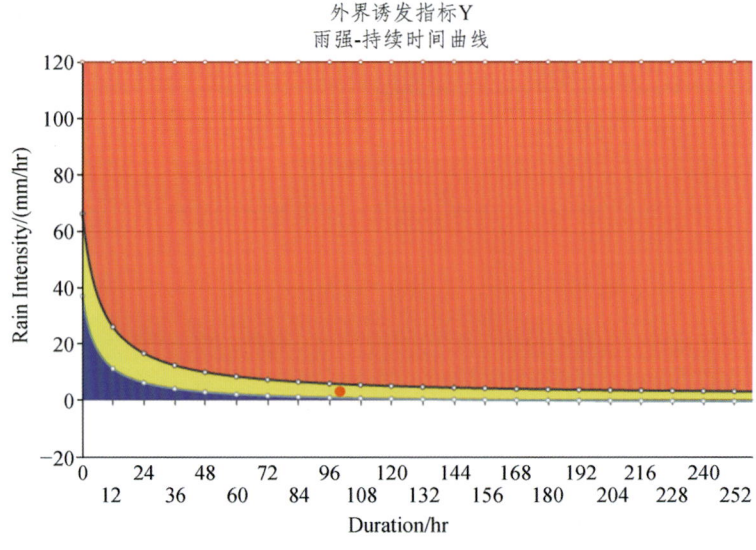

图 6.37 雨强-持续时间预警分析

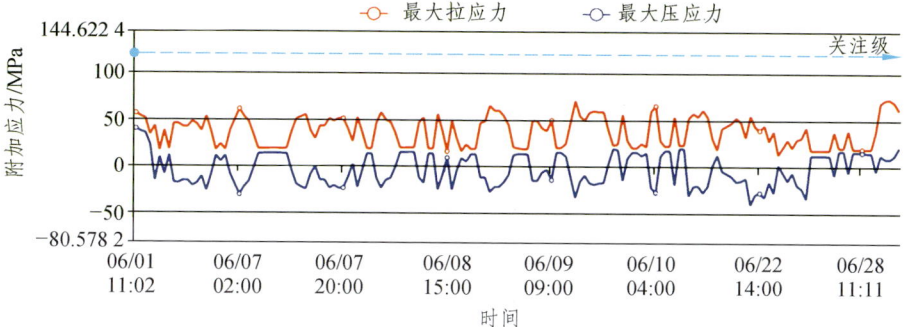

图 6.38 管道应力监测数据图

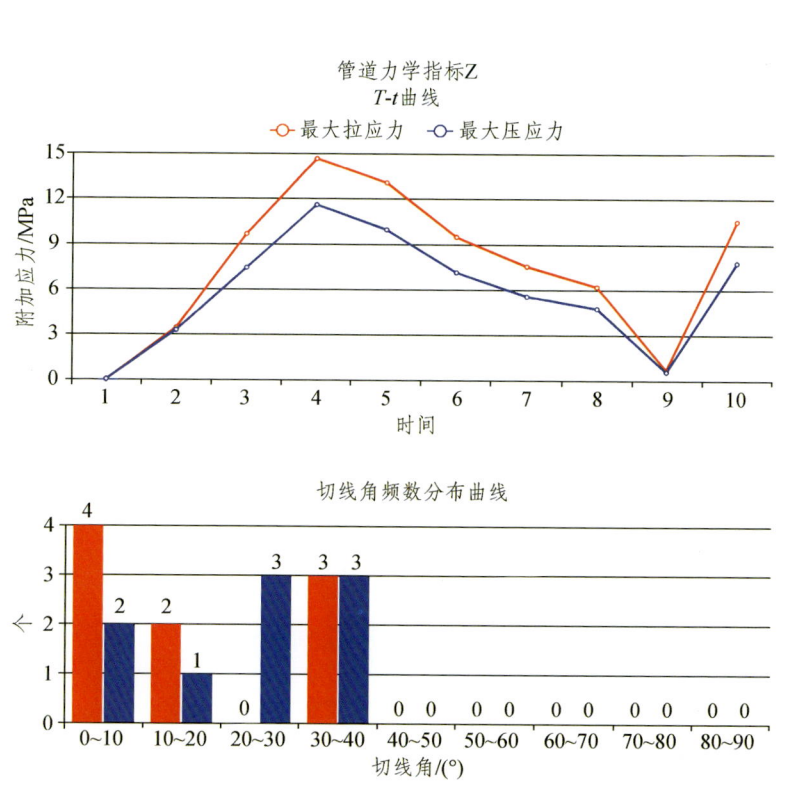

图 6.39 应力监测数据 T-t 曲线与切线角分布

经现场复核，现场局部出现滑移沉降，2#设备和 3#设备之间较为明显。坡体出现裂缝，后源出现下错开裂，如图 6.40 所示。

图 6.40　坡体裂缝与下错开裂

6.5.2　某成品油管道某处滑坡预警情况

管道在该滑坡点纵向穿越坡体，滑坡区横向宽 20～45 m，纵向长约 240 m，坡体整体坡度 25～33°不等，坡体现为一岩土混合边坡，表层土为修建中缅天然气管道时弃土堆积，厚度 0.5～2.5 m。坡体上设置 11 道水工堡坎，目前部分堡坎基础由于坡面水流侵蚀外露，坡面右侧形成多条水毁拉槽、小型滑塌与形变，拉槽区最大拉槽宽 2 m、深 1.5 m、长 40 m，左侧滑塌区宽 15 m、长 8 m、厚不足 1 m，形变区宽约 7 m、长 5 m。

该滑坡变形区域布设了 4 座地表位移监测站，并在变形区域外的稳定开阔区布设了 1 座雨量监测站与 1 座地表位移基准站。现场设备布设示意图如图 6.41 所示。

图 6.41　监测设备布设示意图

2020 年 4 月 25 日，监测预警预报平台发出警示级警报，经巡线员进行现场复核，预警原因为地表位移 2#设备切线角达到 81°，达到警示级预警级别。地表位移 2#设备数据 $T\text{-}t$ 曲线与切线角频率如图 6.42、图 6.43 所示。降雨量达到 65 mm/h，降雨量数据如图 6.44 所示，雨强-持续时间曲线如图 6.45 所示，达到警示级级别。综合地表位位移和降雨预警级别判断，该点综合预警级别报警示级预警。

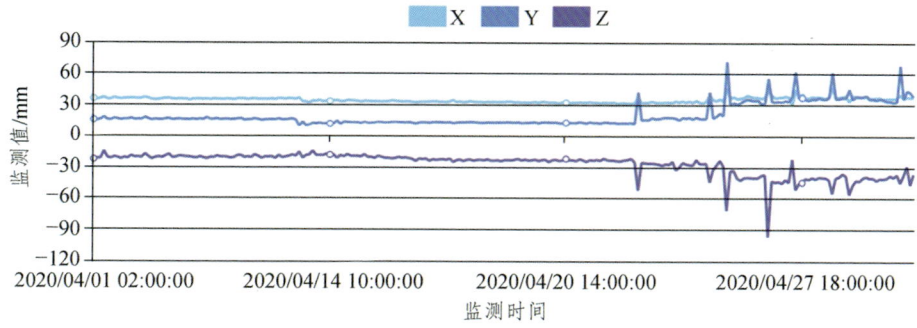

图 6.42　地表位移 2#设备监测数据

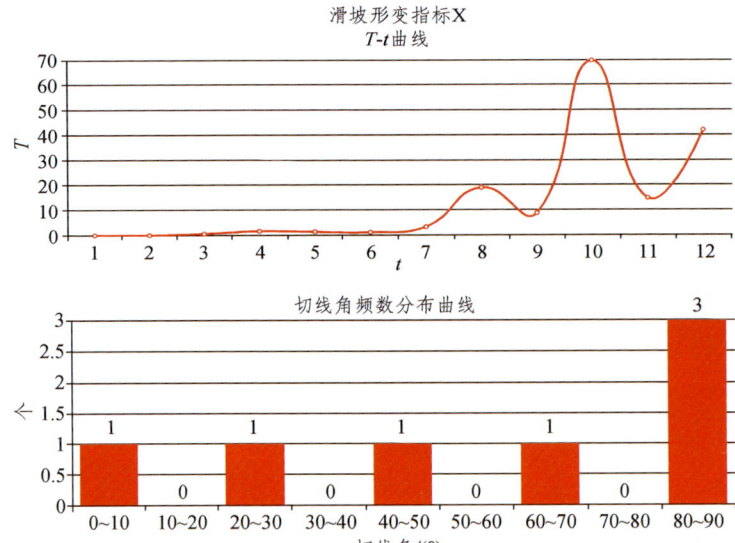

图 6.43 地表位移 2#监测数据 T-t 曲线与切线角分布

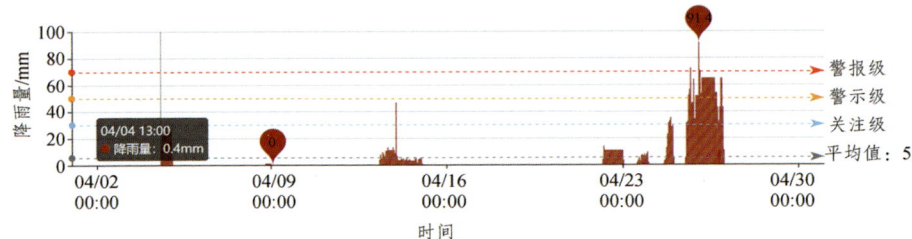

图 6.44 降雨量数据值

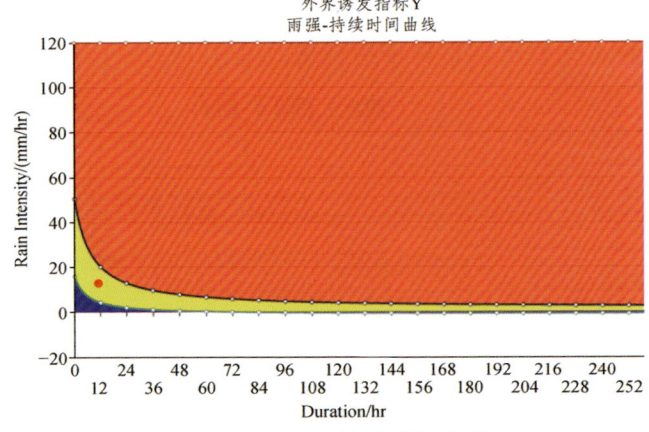

图 6.45 雨强-持续时间曲线

经现场复核,坡面区域出现大范围裂缝,且有明显的下挫现象,如图 6.46 所示。复核结果显示预警成功。

图 6.46 现场大范围裂缝与下挫

6.5.3 某天然气管道某处滑坡预警情况

某天然气管道某滑坡位于构造剥蚀低中山地貌区斜坡中部,滑坡呈圈椅状,坡面呈凸形,坡度整体坡度约 28°,滑向约 223°。滑坡体横宽约 180 m,纵长约 150 m,滑体厚 7~10 m,方量约 $17×10^4 \, m^3$,为一中型土质牵引式滑坡。管道从滑坡后缘穿过,受影响长度约 55 m。

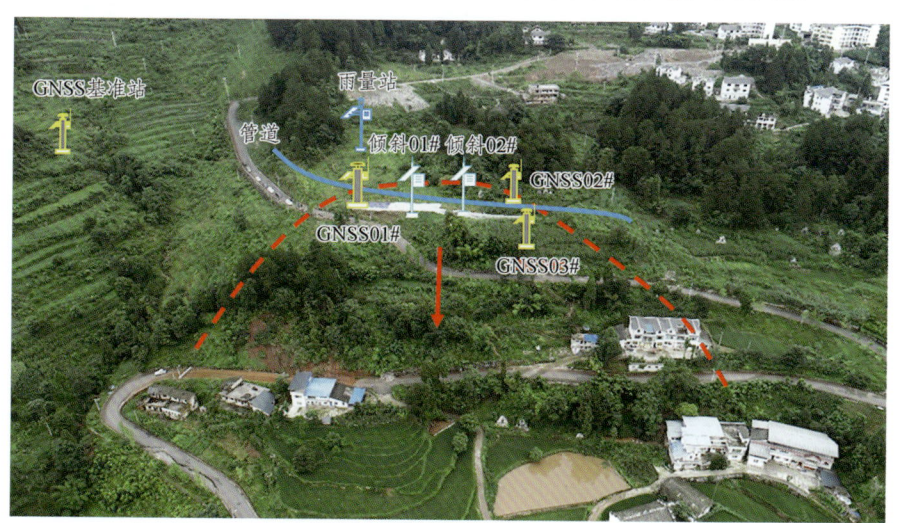

图 6.47 监测点位布设示意图

根据现场踏勘情况，在管道附近抗滑桩治理范围以外的坡体上布设 3 个地表位移监测站，在第 2 和第 7 个抗滑桩上分别布设 1 个抗滑桩倾斜监测站，在滑坡体外稳定、开阔、无干扰区域，布设 1 个地表位移基准站，并安装雨量监测站 1 个。

管道监测预警平台分别于 2021 年 8 月 13 日、8 月 31 日和 9 月 2 日发布关注级、警示级、警报级预警信息。

2021 年 8 月 13 日，管道监测预警平台发布关注级预警信息，预警原因为倾斜切线角达到 69°（＞45°），达到关注级预警，地面倾斜 01#、02#监测曲线由匀速变形进入初加速变形，如图 6.48 所示，预警级别达到关注级。

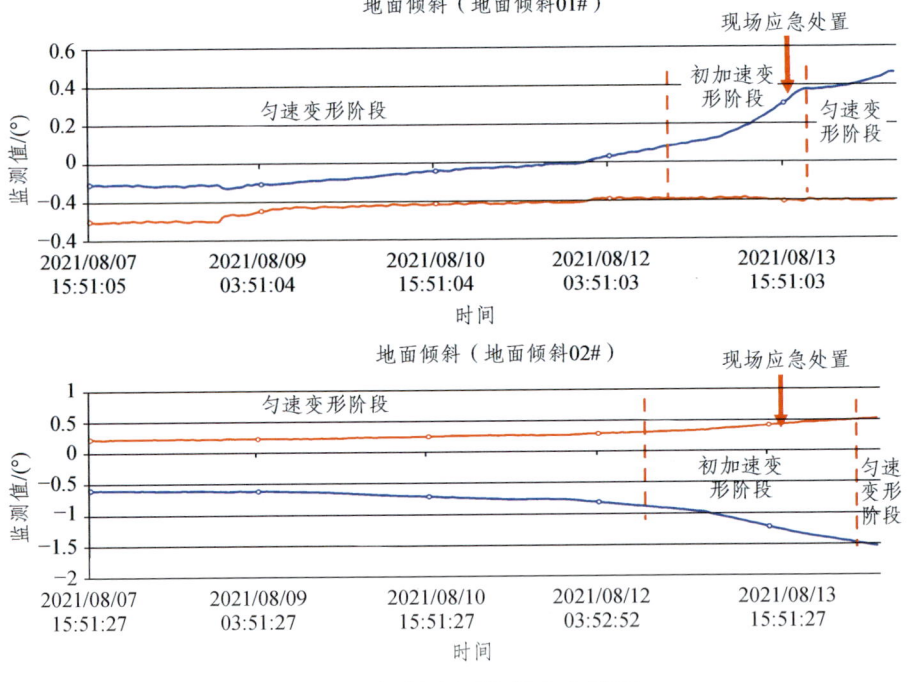

图 6.48　倾斜监测数据变化情况

2021 年 8 月 31 日，管道监测预警平台发布警示级预警信息，预警原因为 GNSS01 地表位移累计形变量达到 8 cm，达到警示级预警，地表位移 01#监测数据如图 6.49 所示。滑坡区持续降雨，降雨累积量达到 92.8 mm，达到警示级预警，降雨数据如图 6.50 所示。结合降雨与地表位移预警得到综合预警级别为警示级预警。

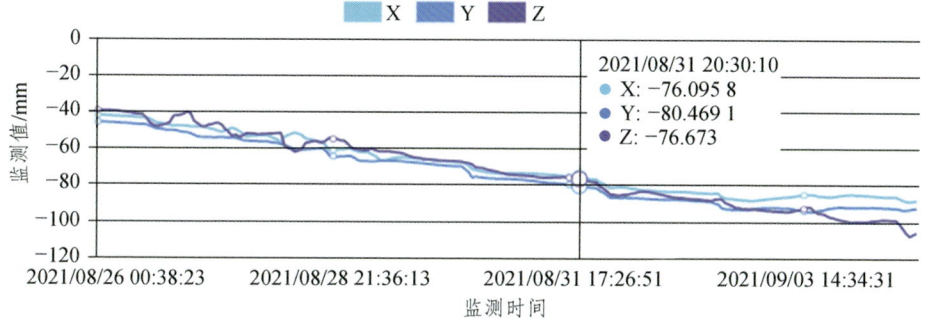

图 6.49 GNSS01 监测数据变化情况

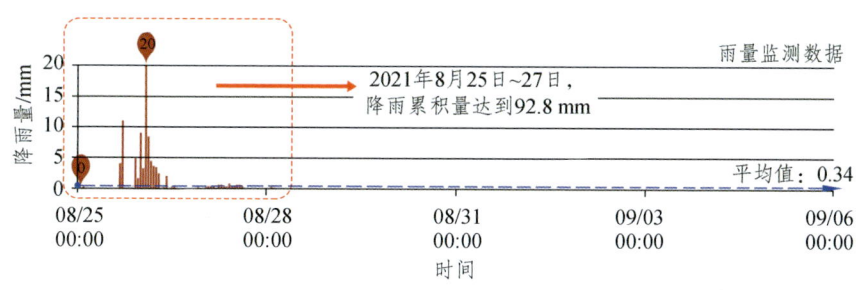

图 6.50 降雨数据

2021 年 9 月 2 日，管道监测预警平台发布警报级预警信息，预警原因为 01#抗滑桩倾斜监测变形加速度陡增，切线角达到 89°，倾斜值超过 2°，进入警报级，如图 6.51 所示。地表位移 01#达到 88 mm，达到警示级，如图 6.52 所示。现场未降雨。结合抗滑桩、地表位移和降雨量监测预警，综合得到预警级别为警报级预警。

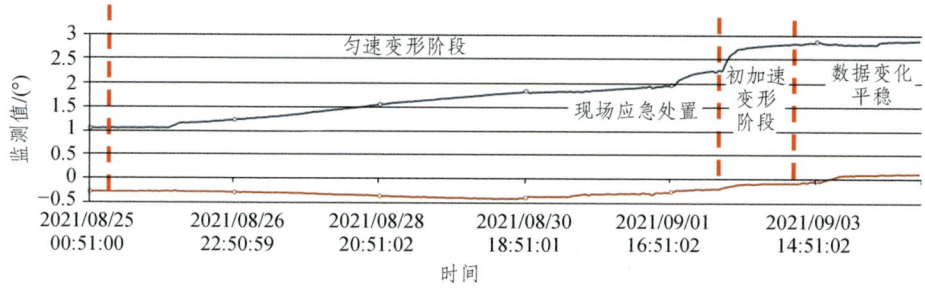

图 6.51 倾斜 01#监测数据变化分析

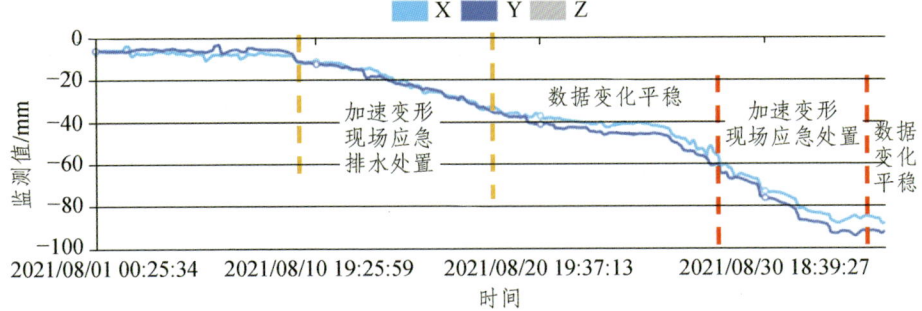

图 6.52　GNSS01 监测数据变化分析

经现场复核，调查发现：滑坡前部剪出口范围扩大，滑坡范围向西北方向扩展，剪出口位移增大且局部鼓胀滑塌；受强降雨影响，滑坡体中后部公路与抗滑桩之间有多处裂缝，长度 2~5 m 不等，裂缝宽 0.05~0.2 m 不等，抗滑桩后部存在大量积水，地表树木倾斜、后缘土体出现拉张裂缝、坡体出现错落坎，如图 6.53、图 6.54 所示。

图 6.53　部分抗滑桩与桩前土裂缝

图 6.54　挡墙与道路裂缝

参考文献

[1] 谭超，唐侨，潘国耀，等. 管道地质灾害风险分级评价方法及消减措施[C]//2014中国数字管道技术大会，2014.

[2] 陈利琼. 油气长输在役管道风险的定量评价技术研究[D]. 成都：西南石油学院，2004.

[3] 池洪建. 对我国油气管道项目推行全生命周期管理的探讨[J]. 国际石油经济，2014，22（9）：86-91.

[4] 何满潮. 滑坡地质灾害远程监测预报系统及其工程应用. 岩石力学与工程学报，2009，28（6）：1081-1090.

[5] 余斌，赵国相，朱渊，等. 辽宁省岫岩县"20120804"泥石流调查研究. 灾害学，2014，29（3）：96-96.

[6] 陈贺，李亚军，房锐，等. 滑坡深部位移监测新技术及预警预报研究. 岩石力学与工程学报，2015，34（S2）：4063-4070.

[7] 苏白燕，许强，黄健，等. 基于动态数据驱动的地质灾害监测预警系统设计与实现. 成都理工大学学报，2018，45（5）：615-625.

[8] 杨宗佶，王礼勇，石莉莉，等. 降雨滑坡多指标监测预警方法研究. 岩石力学与工程学报，2020，39（2）：272-285.

[9] 崔芳姿，吴斌，史学磊，等. 地质灾害监测数据综合处理与分析[J]. 地理空间信息，2021，19（7）：88-92，8.

[10] 许强，曾裕平. 具有蠕变特点滑坡的加速度变化特征及临滑预警指标研究. 岩石力学与工程学报，2009，28（6）：1099-1106.

[11] XU Q, ZENG Y. Research on acceleration variation characteristics of creep landslide and early-warning prediction indicator of critical sliding[J]. Chinese Journal of Rock Mechanics and Engineering, 2009,

28（6）：1099-1106.

[12] 李超. 地质灾害监测系统的研究与实现[D]. 西安：西安工业大学，2017.

[13] 胡杰. 隧道块状节理岩体破坏前兆规律及块体垮塌监测预警方法[D]. 济南：山东大学，2021.

[14] 李明波，王心悦，陈植华，等. 湖南雪峰山地区降雨型滑坡灾害临界雨量及预警区划分析[J]. 甘肃科学学报，2019，31（6）：62-67.

[15] 詹良通，李鹤，陈云敏，等. 东南沿海残积土地区降雨诱发型滑坡预报雨强-历时曲线的影响因素分析[J]. 岩土力学，2012，33（3）：872-880.

[16] 许旭堂，简文彬，吴能森，等. 降雨诱发残积土坡失稳的模型试验[J]. 中国公路学报，2018，31（2）：270-279.

[17] 陈宇龙，内村太郎. 基于弹性波波速的降雨型滑坡预警系统[J]. 岩土力学，2019，40（9）：3373-3386.

[18] 刘建华，查旭东，付宏渊，等. 考虑降雨入渗条件下岩质边坡稳定性分析[J]. 公路交通科技，2009，26（10）：33-37.

[19] 仇东宁. 国家级油气资源数据库设计及实现[D]. 长春：吉林大学，2009.

[20] 崔红升，魏政. 物联网技术在油气管道中的应用展望[J]. 油气储运，2011，30（8）：603-607.

[21] 董绍华，韩忠晨，杨毅，等. 物联网技术在管道完整性管理中的应用[J]. 油气储运，2012，31（12）：906-908.

[22] 郭磊，周利剑，白楠，等. 长输油气管道完整性管理信息化实践[J]. 油气储运，2014，33（2）：144-147.

[23] 侯俊东，吕军，殷伟峰. 地质灾害风险管理研究综述及展望[J]. 中国国土资源经济，2012，25（4）：41-43.

[24] 胡裕峰. 国家油气数据库管理应用系统功能设计与实现[D]. 长春：吉林大学，2011.

[25] 黄林，杨军，徐亮亮. 基于微服务构建模型的应用系统增量更新算法[J]. 计算机与现代化，2018（2）：39-43，88.

[26] 阚酉浔. 基于多源测量数据融合的三维实景重建技术研究[D]. 武汉：中国地质大学，2017.

[27] 李超. 数字化管道技术及其在西部管道工程中的应用研究[D]. 重庆：重庆大学，2008.

[28] 李官政. 管道实时监控系统实时数据库研究[D]. 北京：中国石油大学，2010.

[29] 李鹏，林杰，李欢. 空地一体化地形测量[J]. 测绘通报，2018（2）：160-163.

[30] 李岩岩. 天然气管道滑坡地质灾害监测预警技术研究[D]. 成都：西南石油大学，2017.

[31] 刘洪彬. 长输油气管道SCADA系统应用与研究[D]. 厦门：厦门大学，2013.

[32] 马欣. 现役长输管道风险分析技术研究[D]. 兰州：兰州理工大学，2005.

[33] 马寅生，张业成，张春山，等. 地质灾害风险评价的理论与方法[J]. 地质力学学报，2004，10（1）：7-18.

[34] 孟欣. 实时数据仓库存取策略的研究[D]. 南京：南京邮电大学，2017.

[35] 钱志鸿，王义君. 物联网技术与应用研究[J]. 电子学报，2012，40（5）：1023-1029.

[36] 石爱军，马娟，齐安文，等. 物联网技术在突发地质灾害应急响应中的应用研究[J]. 水文地质工程地质，2014，41（5）：148-152.

[37] 王俊姝. 物联网技术构成与关键技术分析[J]. 科技创新与应用，2015（5）：54.

[38] 王其磊. 长输管道地质灾害定量风险评价技术研究[D]. 北京：中国地质大学，2012.

[39] 王任，谭超，范伟，等. 浅析水毁灾害的发育特征及对油气管道危

害[J]. 天然气技术与经济，2017，11（5）：36-38.

[40] 王维斌. 长输油气管道大数据管理架构及应用[J]. 油气储运，2015，34（3）：229-232.

[41] 吴湘宁. 地质环境数据仓库联机分析处理与数据挖掘研究[D]. 武汉：中国地质大学，2014.

[42] 奚晓青，杨新宝. 地质灾害国内外研究现状浅析[J]. 中国水运：学术版，2007，7（9）：100-102.

[43] 徐晓刚，柳蜀湘. 油气管道安全预警技术的发展趋势[J]. 兰州石化职业技术学院学报，2015，(3)：9-12.

[44] 徐晓雨，朱勇，张旭. 物联网关键技术在通信运营中的应用[J]. 科学技术创新，2012，(18)：96.

[45] 严大凡，翁永基，董绍华. 油气长输管道风险评价与完整性管理[M]. 北京：化学工业出版社，2005.

[46] 杨慧来. 长输油气管道定量风险评价方法研究[D]. 兰州：兰州理工大学，2009.

[47] 杨洋，沈大勇. 数字化管道建设中测绘数据库建设方案研究[J]. 测绘，2013，(4)：170-173.

[48] 杨祖佩，王维斌. 油气管道完整性管理体系研究进展[J]. 油气储运，2006，25（8）：7-11.

[49] 姚安林，刘艳华，李又绿，等. 国内外油气管道完整性管理技术比对研究[J]. 石油工业技术监督，2008，24（3）：5-12.

[50] 张娟. 浅谈云存储技术的特点及其应用[J]. 中国新通信，2016，18（14）：115.

[51] 张耀东. 构建科学的油气管道安全管理体系[J]. 国际石油经济，2014，22（z1）：178-181.

[52] 张应福. 物联网应用的问题分析及引入原则[J]. 通信与信息技术，2010（3）：54-56.

[53] 中国石油新闻中心网站. 中国石油步入智慧管道建设阶段[J]. 油气

田地面工程，2017，36（7）：54.

[54] 朱百合. 云计算的特点与关键技术及其在物联网中的应用[J]. 电子制作，2013（10）：151.

[55] 王宇，李晓，张搏，等. 降雨作用下滑坡渐进破坏动态演化研究. 水利学报，2013，44（4）：416-425.

[56] 尹云鹤，韩项，邓浩宇，等. 中国西南地区地震-滑坡-泥石流灾害链风险防范措施框架研究[J]. 灾害学，2021，36（3）：77-84.

[57] Precursor Evolution of Blocky Jointed Rock Mass Failure and Monitoring and Early Warning Method of Block Collapse Disasters in Tunnel Engineering, ShanDong University, 2021.

[58] GEOGRAFISKA ANNALER. The rainfall intensity: Duration control of shallow landslides and debris flows[J]. Series A, Physical Geography, 1980, 62(1/2).

[59] PAPA M N, MEDINA V, CIERVO F, et al. Derivation of critical rainfall thresholds for shallow landslides as a tool for debris flow early warning systems[J]. Hydrology and Earth System Sciences, 2013, 17(10).

[60] ABRAHAM M T, POTHURAJU D, SATYAM N. Rainfall thresholds for prediction of landslides in Idukki, India: An empirical approach[J]. Water, 2019, 11(10).

[61] THOMAS M A, MIRUS B B, COLLINS B D, et al. Variability in soil-water retention properties and implications for physics-based simulation of landslide early warning criteria[J]. Landslides, 2018, 15(7).

[62] SEGONI S, LAGOMARSINO D, FANTI R, et al. Integration of rainfall thresholds and susceptibility maps in the Emilia Romagna (Italy) regional-scale landslide warning system[J]. Landslides, 2015, 12(4).

[63] FAN Y B, YANG S W, XU L K, et al. Real-time monitoring instrument designed for the deformation and sliding period of colluvial landslides.

Bulletin of Engineering Geology and the Environment, 2016, 76(3): 829-838.

[64] PALIS E, LEBOURG T, TRIC E, et al. Long-term monitoring of a large deep-seated landslide(La Clapiere, South-East French Alps): Initial study[J]. Landslides, 2016, 14(1): 155-170.

[65] TSAITL T, TSAI P Y, YANG P J. Probabilistic modeling of rainfall-induced shallow landslide using a point estimate method[J]. Environmental Earth Sciences, 2015, 73(8): 4109-4117.

[66] IVERSON R M. Landslide triggering by rain infiltration[J]. Water Resources Research, 2000, 36(7): 1897-1910.

[67] HONG Y, ADLER R, HUFFMAN G. Evaluation of the potential of NASA multi-satellite precipitation analysis in global landslide hazard assessment[J]. Geophysical Research Letters, 2006, 33(22): 1-5.